MW01627242

日本語能力試験対策

日本語パワードリル

N2 文字・語彙

松浦 真理子　鈴木 健司【監修】　アスク編集部【編】

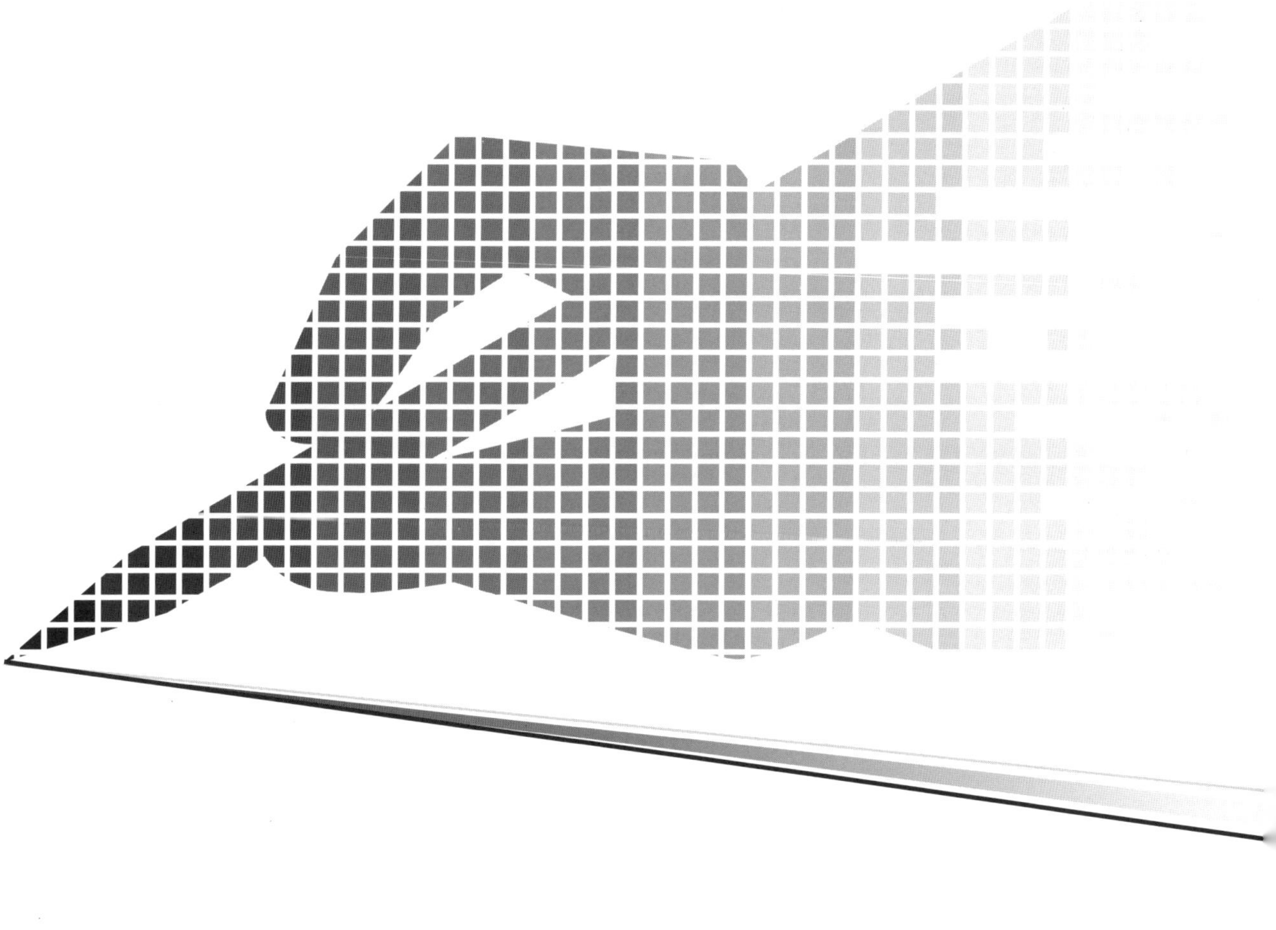

はじめに

日本語能力試験が近づいてくると、「もっとたくさん練習問題が解きたい」「解説を読むよりも、問題を解きながら勉強したい」という日本語学習者の声が多く聞かれます。

本書は、そのような学習者のために作られた問題集です。

本書には、日本語能力試験Ｎ２の「言語知識」科目の「文字・語彙」と同じ形式の問題（「漢字読み」、「表記」、「語形成」、「文脈規定」、「言い換え類義」、「用法」）が、１回１８問×３０回の練習で、合計５４０問収められています。

１回２ページの練習の中に、すべての形式の問題が入っているため、毎回バランスよく学習を進めることができます。

また、「カタカナ語」、「擬音語・擬態語」、「接続語」など、使い方や使い分けの難しい言葉をまとめて練習する「集中トレーニング」は、１回１０問×１０回、合計１００問あります。

本書で取り上げた漢字や語彙は、主催団体によって公表されている『新しい「日本語能力試験」ガイドブック　概要版と問題例集』や、2009年までの日本語能力試験の出題基準や試験問題、主な日本語教材の提出語彙などを参考にし、「Ｎ２レベルを目指すのであれば知っておいたほうがいい」「Ｎ２レベルの語彙の中でも特に日常生活に役立つ」という観点から選出しました。

問題文は、正しい答えを書き込めば、そのまま例文になります。ぜひ、問題を解くだけではなく、正答を例文と一緒に覚えるようにしてください。また、正答以外の選択枝の語や、別冊解答の中の語も一緒に覚えれば、解いた問題の数以上に語彙を増やすことができるでしょう。

本書が、多くの日本語学習者の方の日本語力の向上と日本語能力試験合格に役立つことを願ってやみません。

2010年　秋

編者・監修者一同

目次

学習スケジュール表

試験までの残り日数を数えて、学習の計画を立てましょう。

日本語能力試験　　月　　日

ページ	学習項目	学習予定日	学習日	得点	メモ
8	第1回	月　日	月　日	0 5 10 15 20	
10	第2回	月　日	月　日	0 5 10 15 20	
12	第3回	月　日	月　日	0 5 10 15 20	
14	第4回	月　日	月　日	0 5 10 15 20	
16	第5回	月　日	月　日	0 5 10 15 20	
18	集中トレーニング①	月　日	月　日	0 5 10	
19	集中トレーニング②	月　日	月　日	0 5 10	
20	第6回	月　日	月　日	0 5 10 15 20	
22	第7回	月　日	月　日	0 5 10 15 20	
24	第8回	月　日	月　日	0 5 10 15 20	
26	第9回	月　日	月　日	0 5 10 15 20	
28	第10回	月　日	月　日	0 5 10 15 20	
30	集中トレーニング③	月　日	月　日	0 5 10	
31	集中トレーニング④	月　日	月　日	0 5 10	
32	第11回	月　日	月　日	0 5 10 15 20	
34	第12回	月　日	月　日	0 5 10 15 20	
36	第13回	月　日	月　日	0 5 10 15 20	
38	第14回	月　日	月　日	0 5 10 15 20	
40	第15回	月　日	月　日	0 5 10 15 20	
42	集中トレーニング⑤	月　日	月　日	0 5 10	
43	集中トレーニング⑥	月　日	月　日	0 5 10	

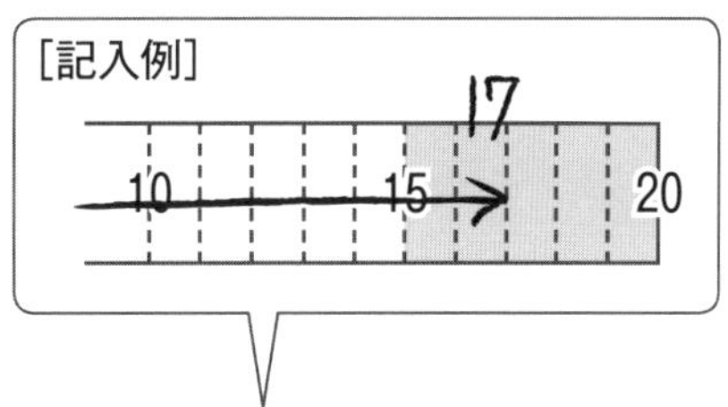

ページ	学習項目	学習予定日	学習日	得点	メモ
44	第16回	月　日	月　日	0 5 10 15 20	
46	第17回	月　日	月　日	0 5 10 15 20	
48	第18回	月　日	月　日	0 5 10 15 20	
50	第19回	月　日	月　日	0 5 10 15 20	
52	第20回	月　日	月　日	0 5 10 15 20	
54	集中トレーニング⑦	月　日	月　日	0 5 10	
55	集中トレーニング⑧	月　日	月　日	0 5 10	
56	第21回	月　日	月　日	0 5 10 15 20	
58	第22回	月　日	月　日	0 5 10 15 20	
60	第23回	月　日	月　日	0 5 10 15 20	
62	第24回	月　日	月　日	0 5 10 15 20	
64	第25回	月　日	月　日	0 5 10 15 20	
66	集中トレーニング⑨	月　日	月　日	0 5 10	
67	集中トレーニング⑩	月　日	月　日	0 5 10	
68	第26回	月　日	月　日	0 5 10 15 20	
70	第27回	月　日	月　日	0 5 10 15 20	
72	第28回	月　日	月　日	0 5 10 15 20	
74	第29回	月　日	月　日	0 5 10 15 20	
76	第30回	月　日	月　日	0 5 10 15 20	

第1回

目標解答時間　10分

問題1　＿＿の言葉の読み方として最もよいものを、１・２・３・４から一つ選びなさい。
漢字読み
（1点×3問＝3点）

1　私は遠くから彼女が働く姿を見ていた。
1　すかた　　2　すがた　　3　すはた　　4　すはだ

2　スポーツをする時は、ときどき水分を補ったほうがいい。
1　とった　　2　あたった　　3　たもった　　4　おぎなった

3　3人に1人の割合で、その試験に合格している。
1　かつあい　　2　かっごう　　3　わりあい　　4　わりごう

問題2　＿＿の言葉を漢字で書くとき、最もよいものを１・２・３・４から一つ選びなさい。
表記
（1点×3問＝3点）

1　では、明日の3時にそちらにうかがいます。
1　司います　　2　何います　　3　伺います　　4　荷います

2　最近はれいぎを知らない人が多いように思う。
1　礼義　　2　礼儀　　3　礼議　　4　礼偽

3　しゅういに迷惑がかからないように、静かに話してください。
1　周固　　2　周囲　　3　週固　　4　週囲

問題3　（　　）に入れるのに最もよいものを、１・２・３・４から一つ選びなさい。
文脈規定
（1点×4問＝4点）

1　この計画が失敗したのは、リーダーである私の（　　　）です。
1　義務　　2　成果　　3　責任　　4　任務

2　いくら忙しくても、（　　　）日曜日くらいは休みたい。
1　せめて　　2　やっと　　3　けっこう　　4　どうやら

3　会議が始まるまで30分以上あるから、新聞でも読んで時間を（　　　）。
1　もとう　　2　かけよう　　3　つぶそう　　4　とめよう

4　明日、来週の旅行の（　　　）をしましょう。
1　見合い　　2　言い合い　　3　打ち合わせ　　4　待ち合わせ

問題4　（　　）に入れるのに最もよいものを、１・２・３・４から一つ選びなさい。
語形成
（１点×３問＝３点）

1　この問題を解くのに（　　　）一日かかった。
1　完　　2　全　　3　本　　4　丸

2　履歴（　　　）にはかならず写真を貼(は)ってください。
1　紙　　2　書　　3　証　　4　状

3　ボランティア活動に積極（　　　）に参加している。
1　気　　2　感　　3　性　　4　的

問題5　＿＿＿の言葉に意味が最も近いものを、１・２・３・４から一つ選びなさい。
言い換え類義
（１点×３問＝３点）

1　この寒さだとおそらく明日は雪が降るだろう。
1　たぶん　　2　絶対に　　3　次第に　　4　たしかに

2　やむをえない事情で大学をやめることになった。
1　くやしい　　2　はずかしい　　3　しかたがない　　4　もったいない

3　デパートで小学校の同級生にばったり会った。
1　偶然(ぐうぜん)　　2　自然に　　3　都合よく　　4　久しぶりに

問題6　次の言葉の使い方として最もよいものを、１・２・３・４から一つ選びなさい。
用法
（２点×２問＝４点）

1　等(ひと)しい
1　この二つの三角形の面積は等しい。
2　私は毎日等しい道を通って通勤している。
3　チーム全員が等しい気持ちで試合に挑(いど)んだ。
4　私と彼は、小学校から高校まで学校が等しい。

2　あいにく
1　あいにくなので、コーヒーでもいかがですか。
2　あいにくその日は予定があって参加できません。
3　あいにくの天気で、海に行くのにちょうどいいですね。
4　あいにく部長は席におりますので、少々お待ちください。

第2回

問題1 ＿＿の言葉の読み方として最もよいものを、1・2・3・4から一つ選びなさい。
漢字読み
（1点×3問＝3点）

1 台風が関東地方に接近しているそうだ。
1 せきん　2 せいきん　3 せつきん　4 せっきん

2 それでは、来月の中旬にまたご連絡します。
1 なかば　2 なかごろ　3 ちゅうかん　4 ちゅうじゅん

3 病気やけがに備えて、保険に入っておいたほうがいい。
1 ささえて　2 そなえて　3 そろえて　4 ひかえて

問題2 ＿＿の言葉を漢字で書くとき、最もよいものを1・2・3・4から一つ選びなさい。
表記
（1点×3問＝3点）

1 すみません、このあたりに銀行はありませんか。
1 当り　2 周り　3 辺り　4 返り

2 家族のため、父はけんめいに働いた。
1 賢名　2 賢命　3 懸名　4 懸命

3 その町のチームが勝って、観客はとてもよろこんでいた。
1 喜で　2 喜んで　3 喜こんで　4 喜ろこんで

問題3 （　　）に入れるのに最もよいものを、1・2・3・4から一つ選びなさい。
文脈規定
（1点×4問＝4点）

1 1時間も遅れてきたのに謝らない友達に（　　）が立った。
1 足　2 心　3 腹　4 頭

2 その話は本当だ。（　　）私はその事故を見たのだから。
1 いまに　2 げんに　3 じつに　4 まさに

3 （　　）を使ってみて、とてもよかったので、この洗剤を買うことにした。
1 リスト　2 カタログ　3 サンプル　4 パンフレット

4 A：明日から北海道へ行ってきます。
B：いいですね。（　　）、森さんも行くと言っていましたよ。
1 そういえば　2 そうすると　3 それにしても　4 それはそれは

問題4　（　　）に入れるのに最もよいものを、１・２・３・４から一つ選びなさい。
語形成
（１点×３問＝３点）

1 コンピューターが突然、原因不明の（　　　）作動を起こした。
1　不　　2　違　　3　誤　　4　失

2 作曲（　　　）になるため、音楽大学に進んだ。
1　手　　2　者　　3　家　　4　師

3 彼はまじめで責任（　　　）が強い。
1　観　　2　感　　3　心　　4　性

問題5　＿＿＿の言葉に意味が最も近いものを、１・２・３・４から一つ選びなさい。
言い換え類義
（１点×３問＝３点）

1 そのニュースは<u>たちまち</u>世界中に広まった。
1　すぐに　　2　ついに　　3　だんだん　　4　ようやく

2 彼はノートに<u>せっせと</u>何かを書いていた。
1　速く　　2　熱心に　　3　上手に　　4　楽しそうに

3 課長は今<u>ミーティング</u>中で、ここにはおりません。
1　会議　　2　出張　　3　研修　　4　休暇

問題6　次の言葉の使い方として最もよいものを、１・２・３・４から一つ選びなさい。
用法
（２点×２問＝４点）

1 わざと
1　その選手はお金のために、<u>わざと</u>試合に負けた。
2　お忙しいところ、<u>わざと</u>来てくださってありがとうございます。
3　この着物は、結婚式のために<u>わざと</u>作ってもらった特別なものだ。
4　母は、10円でも安かったら、遠くのスーパーまで<u>わざと</u>買いに行く。

2 引き返す
1　借りたCDを友達に<u>引き返した</u>。
2　肉が焼けてきたら、<u>引き返して</u>裏も焼いてください。
3　使った道具は、すぐに元の場所に<u>引き返して</u>ください。
4　忘れ物をしたので、急いで家に<u>引き返した</u>。

第3回

目標解答時間　10分

／20

問題1　＿＿の言葉の読み方として最もよいものを、1・2・3・4から一つ選びなさい。

漢字読み

（1点×3問＝3点）

1 ズボンの前と後ろを逆にはいていた。
1　きゃく　　2　きゃぐ　　3　ぎゃく　　4　ぎゃぐ

2 先着100名様に、記念品をプレゼントします。
1　さっき　　2　せんき　　3　さきちゃく　　4　せんちゃく

3 この国初めての宇宙飛行士にインタビューする機会が得られた。
1　いられた　　2　うられた　　3　えられた　　4　とられた

問題2　＿＿の言葉を漢字で書くとき、最もよいものを1・2・3・4から一つ選びなさい。

表記

（1点×3問＝3点）

1 燃えないごみのしゅうしゅう日は、毎週火曜日です。
1　収拾　　2　収集　　3　拾収　　4　集収

2 将来は、自分で会社をけいえいしたいと思っている。
1　径宮　　2　径営　　3　経宮　　4　経営

3 どうか私ののぞみをかなえてください。
1　祈み　　2　希み　　3　望み　　4　願み

問題3　（　　）に入れるのに最もよいものを、1・2・3・4から一つ選びなさい。

文脈規定

（1点×4問＝4点）

1 グループ旅行のときに自分（　　　）な行動をとるのは迷惑だ。
1　勝手　　2　次第　　3　都合　　4　放題

2 バスの中でお年寄りに席を（　　　）。
1　あたえた　　2　おくった　　3　ゆずった　　4　わたした

3 子どもが寝たので、起こさないように（　　　）部屋を出た。
1　ざっと　　2　じっと　　3　かっと　　4　そっと

4 何度か会社に行ったが、いつも（　　　）が悪くて佐藤さんに会うことができない。
1　チャンス　　2　アナウンス　　3　タイミング　　4　スケジュール

問題4　（　　）に入れるのに最も良いものを、1・2・3・4から一つ選びなさい。

語形成

（1点×3問＝3点）

1 この曲は、クラシック音楽の（　　　）曲の一つとして知られている。

1　正　　2　名　　3　好　　4　高

2 この試験の合格（　　　）は約20%だった。

1　位　　2　数　　3　率　　4　割

3 いつも外食なので食（　　　）がかかる。

1　金　　2　代　　3　費　　4　料

問題5　＿＿＿の言葉に意味が最も近いものを、1・2・3・4から一つ選びなさい。

言い換え類義

（1点×3問＝3点）

1 彼の<u>ひきょうな</u>やり方にみんな驚いた。

1　冷たい　　2　真剣な　　3　親切な　　4　ずるい

2 3年ぶりに会った彼女は<u>一段と</u>きれいになっていた。

1　やや　　2　まあまあ　　3　だんだん　　4　ますます

3 今日はとても<u>あわただしい</u>一日だった。

1　忙しい　　2　ひまな

3　落ち着いた　　4　思いどおりにならない

問題6　次の言葉の使い方として最もよいものを、1・2・3・4から一つ選びなさい。

用法

（2点×2問＝4点）

1 省略

1　社員を10人から5人に<u>省略</u>した。

2　この道を右に曲がると<u>省略</u>できるので早く着く。

3　全部話すと長くなるので、話の一部を<u>省略</u>した。

4　お金を<u>省略</u>するために、毎日お弁当を作っている。

2 ご無沙汰（ぶさた）

1　映画を見たのは<u>ご無沙汰</u>だった。

2　<u>ご無沙汰</u>の帰国に母はとても喜んだ。

3　<u>ご無沙汰</u>しておりますが、お元気ですか。

4　<u>ご無沙汰</u>にテニスをしたら、腕が痛くなった。

第4回

目標解答時間　10分

問題1　＿＿の言葉の読み方として最もよいものを、１・２・３・４から一つ選びなさい。

漢字読み

（1点×3問＝3点）

1 入学試験の日程は学部によって異なる。

1　いなる　　2　しなる　　3　かたなる　　4　ことなる

2 先輩に願書の書き方を教えてもらった。

1　がんしょ　　2　げんしょ　　3　がんしょう　　4　げんしょう

3 その国際会議には日本の首相も出席するそうだ。

1　しゅそう　　2　しゅしょう　　3　しゅうそう　　4　しゅうしょう

問題2　＿＿の言葉を漢字で書くとき、最もよいものを１・２・３・４から一つ選びなさい。

表記

（1点×3問＝3点）

1 日曜日、社長のおたくに伺うことになった。

1　お宅　　2　お字　　3　お居　　4　お屋

2 アルバイトのめんせつを受けた。

1　面切　　2　面接　　3　面設　　4　面説

3 この事業の予算は昨年の1.5ばいだ。

1　倍　　2　培　　3　部　　4　剖

問題3　（　　）に入れるのに最もよいものを、１・２・３・４から一つ選びなさい。

文脈規定

（1点×4問＝4点）

1 雨でサッカーの試合が来週に（　　）になった。

1　中止　　2　禁止　　3　延期　　4　延長

2 月曜日は定休日です。（　　）、祝日の場合は営業します。

1　さらに　　2　ただし　　3　それでも　　4　ところが

3 大雨の中、飛行機が無事に着陸できて、（　　）した。

1　きっと　　2　すっと　　3　ほっと　　4　もっと

4 話し合いはとても（　　）に進み、予定時間より早く終わった。

1　ポーズ　　2　ルーズ　　3　シリーズ　　4　スムーズ

問題4　（　　）に入れるのに最も良いものを、1・2・3・4から一つ選びなさい。
語形成
（1点×3問＝3点）

1　こんな夜中に電話をかけてくるなんて（　　　）常識だ。
1　無　　2　非　　3　否　　4　不

2　私は大学で文（　　　）の学部に進むことにした。
1　課　　2　系　　3　制　　4　類

3　使用（　　　）の注意をよく読んでからご使用ください。
1　上　　2　中　　3　内　　4　前

問題5　＿＿の言葉に意味が最も近いものを、1・2・3・4から一つ選びなさい。
言い換え類義
（1点×3問＝3点）

1　彼はあの会社に入ることを<u>ためらって</u>いるようだ。
1　決めて　　2　喜んで　　3　迷って　　4　不満に思って

2　時計を見たら、<u>とっくに</u>約束の時間を過ぎていた。
1　少し前に　　2　たったいま　　3　だいぶ前に　　4　知らないうちに

3　彼はこの仕事を<u>引き受ける</u>と言った。
1　やる　　2　あげる　　3　やめる　　4　たすける

問題6　次の言葉の使い方として最もよいものを、1・2・3・4から一つ選びなさい。
用法
（2点×2問＝4点）

1　増す
1　毎日勉強したので成績が<u>増した</u>。
2　世界の気温はだんだん<u>増して</u>いる。
3　給料を<u>増して</u>くれるよう、社長に頼んだ。
4　不景気が続き、国民の不安が<u>増して</u>いる。

2　近々（ちかぢか）
1　<u>近々</u>、よく雨が降る。
2　<u>近々</u>、久しぶりに友達に会った。
3　部長は<u>近々</u>家に帰ったばかりです。
4　<u>近々</u>、もう一度みんなで会いましょう。

第5回

目標解答時間　10分

/20

問題1　＿＿の言葉の読み方として最もよいものを、１・２・３・４から一つ選びなさい。
漢字読み
（1点×3問＝3点）

1　この機械は壊れやすいので、乱暴に扱わないでください。
1　らんばく　2　らんぼう　3　ろうばく　4　ろうぼう

2　親友が海外へ留学してしまって寂しい。
1　かなしい　2　くるしい　3　こいしい　4　さびしい

3　10年後に、再びここで会いましょう。
1　さいび　2　またび　3　たびたび　4　ふたたび

問題2　＿＿の言葉を漢字で書くとき、最もよいものを１・２・３・４から一つ選びなさい。
表記
（1点×3問＝3点）

1　寒くて、手のかんかくがなくなってきた。
1　感党　2　感常　3　感覚　4　感賞

2　この道は車が多くてあぶない。
1　厄い　2　危い　3　厄ない　4　危ない

3　今回の試験はとてもむずかしかった。
1　難かった　2　難しかった　3　難かしかった　4　難ずかしかった

問題3　（　　）に入れるのに最もよいものを、１・２・３・４から一つ選びなさい。
文脈規定
（1点×4問＝4点）

1　私がその町に住んでいたのは、（　　）昔のことです。
1　重い　2　近い　3　遠い　4　長い

2　一度の失敗であきらめず、経験を（　　）からまたやってみればいい。
1　つんで　2　とって　3　もって　4　とおして

3　電車が遅れたので心配したが、（　　）約束の時間に間に合った。
1　どうでも　2　どうにか　3　どうにも　4　どうしても

4　A：どうぞ召し上がってください。
B：では、（　　）なくいただきます。
1　遠慮　2　感謝　3　失礼　4　礼儀

問題4　（　　）に入れるのに最もよいものを、１・２・３・４から一つ選びなさい。
語形成
（１点×３問＝３点）

1　彼の予想は（　　　）当たりだった。
1　大　　2　高　　3　多　　4　超

2　この店は（　　　）成年者は入ることができない。
1　少　　2　非　　3　不　　4　未

3　代表チームを応援する手紙が1,000（　　　）以上届いた。
1　件　　2　通　　3　部　　4　枚

問題5　＿＿＿の言葉に意味が最も近いものを、１・２・３・４から一つ選びなさい。
言い換え類義
（１点×３問＝３点）

1　はたしてその考えは正しいのだろうか。
1　本当に　　2　やはり　　3　どうして　　4　もしかして

2　あの二人が手を組めば、新しい店は成功するだろう。
1　競争すれば　　2　協力すれば　　3　工夫すれば　　4　相談すれば

3　このパソコンは性能が優（すぐ）れている。
1　他より上である　　2　他と同じくらいだ
3　他と同じようにいい　　4　他と同じように悪い

問題6　次の言葉の使い方として最もよいものを、１・２・３・４から一つ選びなさい。
用法
（２点×２問＝４点）

1　分野
1　大学での分野は経営学でした。
2　会議にはさまざまな分野の専門家が集まった。
3　自分の車を持ってから、行動の分野が広がった。
4　ここには300分野以上の植物が植えられている。

2　じっと
1　その犬は、私を見てじっと動かなかった。
2　今日は面接なので、じっとしたスーツを着よう。
3　時間がないので、デパートの中をじっと見て帰った。
4　寝ているかもしれないので、じっとドアをノックした。

動詞

(　　）の中のaとbのうち、文に合うほうを選びましょう。

1 迷惑を（　a　して　　b　かけて　）しまって、すみません。

2 コーヒーを飲んでいたら、突然いいアイディアが（　a　生えた　　b　浮かんだ　）。

3 ブレーキの調子が悪いので、車を修理に（　a　出した　　b　送った　）。

4 買ったばかりの携帯電話に傷が（　a　出て　　b　ついて　）しまった。

5 事件の責任を（　a　とって　　b　もって　）社長が辞任した。

6 混雑した場所では、子どもの手を（　a　つれて　　b　ひいて　）歩いてください。

7 健康のために野菜をたくさん（　a　えた　　b　とった　）ほうがいい。

8 ３日前から姉に連絡が（　a　つかない　　b　たたない　）。どうしたのだろう。

9 優勝して、新聞に写真と名前が（　a　のった　　b　あがった　）。

10 時計の針が12時を（　a　あてた　　b　さした　）。

【答え】 1 b　2 b　3 a　4 b　5 a　6 b　7 b　8 a　9 a　10 b

3分

集中トレーニング ②

擬音語・擬態語

（　　）の中のaとbのうち、文に合うほうを選びましょう。

1 仕事中（　a　うとうと　　b　すやすや　）しているところを課長に見られてしまった。

2 A：この店はいつも（　a　すかすか　　b　がらがら　）だね。
B：高くておいしくないからね。

3 この会社はいつ来ても床が（　a　ぴかぴか　　b　てかてか　）で気持ちがいい。

4 面接では緊張せずに、（　a　ぺらぺら　　b　すらすら　）答えられた。

5 桜の花びらが風で（　a　ひらひら　　b　ぴらぴら　）舞っている。

6 友人みんなで集まって（　a　わいわい　　b　がやがや　）お酒を飲むのは楽しい。

7 受付がわからなくて（　a　ふらふら　　b　うろうろ　）していたら、通りがかりの人が教えてくれた。

8 かばんの中に入れておいた履歴書が（　a　くしゃくしゃ　　b　めちゃくちゃ　）になってしまった。

9 妹は父に見つからないように、（　a　ひそひそ　　b　こそこそ　）と部屋を出て行った。

10 さっきからあの人が私を（　a　じろじろ　　b　きょろきょろ　）見ている。

【答え】 **1** a　**2** b　**3** a　**4** b　**5** a　**6** a　**7** b　**8** a　**9** b　**10** a

第6回

目標解答時間　10分

／20

問題1　＿＿の言葉の読み方として最もよいものを、１・２・３・４から一つ選びなさい。
漢字読み
（1点×3問＝3点）

1　今日はデパートで新しい靴を買うつもりだ。
1　かさ　　2　くつ　　3　ふく　　4　かばん

2　彼が登場すると拍手が起きた。
1　とば　　2　とうば　　3　とじょう　　4　とうじょう

3　新しい歯が生えてきた。
1　いえて　　2　うえて　　3　はえて　　4　なまえて

問題2　＿＿の言葉を漢字で書くとき、最もよいものを１・２・３・４から一つ選びなさい。
表記
（1点×3問＝3点）

1　どちらを選んだらいいか、なやんでいる。
1　個んで　　2　悩んで　　3　脳んで　　4　胸んで

2　来月、首相がアジア４カ国をほうもんするそうだ。
1　訪門　　2　訪問　　3　報門　　4　報問

3　誕生日にたくさんの人からメールをもらってうれしい。
1　快しい　　2　喜しい　　3　嬉しい　　4　愉しい

問題3　（　　）に入れるのに最もよいものを、１・２・３・４から一つ選びなさい。
文脈規定
（1点×4問＝4点）

1　複数の会社が（　　　）でこの製品を開発した。
1　共通　　2　共同　　3　協力　　4　協調

2　山田さんはこの会社に20年勤めている（　　　）の社員だ。
1　プロ　　2　ベテラン　　3　リーダー　　4　アマチュア

3　地震で家が（　　　）と揺(ゆ)れた。
1　ぐらぐら　　2　すらすら　　3　はらはら　　4　ぶらぶら

4　みんなが使う部屋なので（　　　）ください。
1　散らないで　　2　散らさないで　　3　散らかさないで　　4　散らからないで

問題4 （　　）に入れるのに最もよいものを、１・２・３・４から一つ選びなさい。
語形成
（１点×３問＝３点）

1 最近の携帯電話は（　　　）機能だ。
1　上　　2　多　　3　良　　4　優

2 そのドラマは人気があったので（　　　）放送されることになった。
1　次　　2　再　　3　重　　4　復

3 彼女の将来の夢は看護（　　　）だ。
1　師　　2　女　　3　者　　4　人

問題5 ＿＿の言葉に意味が最も近いものを、１・２・３・４から一つ選びなさい。
言い換え類義
（１点×３問＝３点）

1 今日はなるべく早く帰るよ。
1　少し　　2　いつもより　　3　ぜったいに　　4　できるだけ

2 先輩に昨晩のことをおわびした。
1　感謝した　　2　説明した　　3　謝った　　4　断った

3 お客さんが多かったので、はりきって働いた。
1　緊張して　　2　疲れるほど　　3　とても忙しく　　4　やる気をもって

問題6 次の言葉の使い方として最もよいものを、１・２・３・４から一つ選びなさい。
用法
（２点×２問＝４点）

1 無断
1　彼は会社を無断で休んだ。
2　部長の話は無断で30分以上続いた。
3　どうぞ無断で好きな料理をお取りください。
4　あの人は優しいから誰の頼みでも無断できいてくれる。

2 接する
1　この絵には手を接しないでください。
2　このパソコンはインターネットに接していません。
3　先生に接することができて、本当によかったです。
4　鈴木さんのまじめな態度に接して、私もがんばろうと思った。

第7回

目標解答時間 10分

/20

問題1 ＿＿の言葉の読み方として最もよいものを、１・２・３・４から一つ選びなさい。

漢字読み

（1点×3問＝3点）

1 今日は体調が悪いので、激しい運動はできない。

1 あやしい　2 きびしい　3 くるしい　4 はげしい

2 この会社は現在、社員を募集している。

1 ほしゅう　2 ほじゅう　3 ぼしゅう　4 ぼじゅう

3 チケット売り場の前に長い行列ができていた。

1 こうれい　2 こうれつ　3 ぎょうれい　4 ぎょうれつ

問題2 ＿＿の言葉を漢字で書くとき、最もよいものを１・２・３・４から一つ選びなさい。

表記

（1点×3問＝3点）

1 18歳になったら車のめんきょが取りたい。

1 免許　2 免証　3 面許　4 面証

2 年をとってもけんこうでいられるように、今からよく運動しておこう。

1 建好　2 建康　3 健好　4 健康

3 今一番人気があるはいゆうは誰ですか。

1 俳憂　2 俳優　3 排憂　4 排優

問題3 （　　）に入れるのに最もよいものを、１・２・３・４から一つ選びなさい。

文脈規定

（1点×4問＝4点）

1 石に（　　）転んでしまった。

1 さわって　2 つまずいて　3 ひっぱって　4 ぶつかって

2 私のやることにいちいち（　　）を出さないでください。

1 口　2 目　3 顔　4 指

3 この機械は、（　　）動かすと、しばらく止められない。

1 いっさい　2 いっそう　3 いったん　4 いっぽう

4 昨日あまり眠れなかったので、授業中に（　　）してしまった。

1 うとうと　2 ぐっすり　3 ぐうぐう　4 すやすや

問題4　（　　）に入れるのに最もよいものを、１・２・３・４から一つ選びなさい。
語形成
（１点×３問＝３点）

1　選挙の結果、A党の議員は（　　　）半数に達しなかった。
1　大　　2　過　　3　全　　4　多

2　このカメラは充電（　　　）なので、電池を買う必要はありません。
1　系　　2　式　　3　的　　4　法

3　財布の落とし（　　　）が見つかった。
1　手　　2　人　　3　主　　4　者

問題5　＿＿の言葉に意味が最も近いものを、１・２・３・４から一つ選びなさい。
言い換え類義
（１点×３問＝３点）

1　明け方、母から電話があった。
1　夕方　　2　朝早く　　3　午前中　　4　夜遅く

2　パーティーにそんな服で行くのはみっともないよ。
1　わるい　　2　きたない　　3　はずかしい　　4　かわいそうだ

3　あの時のことは水に流して、これから一緒にがんばりましょう。
1　忘れて　　2　反省して　　3　思い出にして　　4　みんなに知らせて

問題6　次の言葉の使い方として最もよいものを、１・２・３・４から一つ選びなさい。
用法
（２点×２問＝４点）

1　告白
1　あの人に自分の気持ちを告白した。
2　友達に明日試験があることを告白した。
3　この時計は鳥の鳴き声で時間を告白する。
4　先生に指名されたので、立って答えを告白した。

2　おかまいなく
1　それでは、おかまいなく拝見します。
2　おかまいなく召し上がってください。
3　すぐに失礼しますので、どうぞおかまいなく。
4　A：ありがとうございました。
　B：いいえ、おかまいなく。

第8回

目標解答時間　10分

問題1 漢字読み　＿＿の言葉の読み方として最もよいものを、1・2・3・4から一つ選びなさい。

（1点×3問＝3点）

1　日本料理には辛いものが少ないと思う。
　1　つらい　2　からい　3　しぶい　4　にがい

2　ここの名物は魚を使った料理だ。
　1　なぶつ　2　なもの　3　めいぶつ　4　めいもの

3　両親は、私も妹も平等に愛し、育ててくれた。
　1　へいとう　2　へいどう　3　びょうとう　4　びょうどう

問題2 表記　＿＿の言葉を漢字で書くとき、最もよいものを1・2・3・4から一つ選びなさい。

（1点×3問＝3点）

1　けいきが悪いと、仕事がなかなか見つからない。
　1　経気　2　経期　3　景気　4　景期

2　初めて会ったとき、彼女のいんしょうはあまりよくなかった。
　1　印象　2　印像　3　即象　4　即像

3　その子は母親の手をにぎって離さなかった。
　1　扱って　2　接って　3　掘って　4　握って

問題3 文脈規定　（　）に入れるのに最もよいものを、1・2・3・4から一つ選びなさい。

（1点×4問＝4点）

1　ここに6（　　）の数字を書いてください。
　1　行　2　桁　3　字　4　段

2　そんな（　　）な話を信用してはいけない。
　1　あやまり　2　いたずら　3　けっさく　4　でたらめ

3　時間がないのでくわしい説明は（　　）。
　1　余ります　2　補います　3　省きます　4　引きます

4　床（ゆか）が（　　）していて、転びそうになった。
　1　すいすい　2　つるつる　3　はらはら　4　ぽりぽり

問題4　（　　）に入れるのに最も よいものを、１・２・３・４から一つ選びなさい。

語形成　（１点×３問＝３点）

1 仕事が忙しくて、（　　　）規則な生活が続いている。

1　不　　2　無　　3　非　　4　反

2 首都（　　　）にこの国の人口の４分の１が集中している。

1　内　　2　県　　3　圏　　4　環

3 10年ぶりに会った二人は、抱き（　　　）喜んだ。

1　合って　　2　入れて　　3　込んで　　4　しめて

問題5　＿＿＿の言葉に意味が最も近いものを、１・２・３・４から一つ選びなさい。

言い換え類義　（１点×３問＝３点）

1 <u>やがて</u>人間が他の星に住む時代が来るだろう。

1　たぶん　　2　かならず　　3　時間が経てば　　4　場合によっては

2 暗い道の先に<u>ぼんやりと</u>光が見えた。

1　明るい　　2　とても小さい　　3　ぴかぴかした　　4　はっきりしない

3 古いおもちゃを<u>コレクションして</u>いる。

1　集めて　　2　飾って　　3　捨てて　　4　直して

問題6　次の言葉の使い方として最もよいものを、１・２・３・４から一つ選びなさい。

用法　（２点×２問＝４点）

1 むしろ

1　注意されて、悲しいというより<u>むしろ</u>嬉しかった。
2　彼は以前から足が速かったが、練習して<u>むしろ</u>速くなった。
3　父からは反対されているが、<u>むしろ</u>私はこの大学に進みたい。
4　次回の会議は来週の水曜日です。<u>むしろ</u>、資料は持参してください。

2 発生

1　隣の町に大きなデパートが<u>発生</u>した。
2　選挙の結果、新しい市長が<u>発生</u>した。
3　初めての孫が<u>発生</u>したときは、本当に嬉しかった。
4　火災が<u>発生</u>したときは、非常口から逃げてください。

第9回

目標解答時間　10分

問題1　＿＿＿の言葉の読み方として最もよいものを、1・2・3・4から一つ選びなさい。

漢字読み

（1点×3問＝3点）

1 この家は、日中誰もいないことが多い。

1　ひなか　　2　にちなか　　3　ひちゅう　　4　にっちゅう

2 初級から上級まで、各種コースを揃（そろ）えております。

1　かくしゅ　　2　かっしゅ　　3　かくしゅう　　4　かっしゅう

3 彼女は悲しそうな表情をしていた。

1　ひゅうじゅう　　2　ひゅうじょう　　3　ひょうじゅう　　4　ひょうじょう

問題2　＿＿＿の言葉を漢字で書くとき、最もよいものを1・2・3・4から一つ選びなさい。

表記

（1点×3問＝3点）

1 日本の人口は減少のけいこうにある。

1　系行　　2　系向　　3　傾行　　4　傾向

2 建物のしょうめんから写真を撮った。

1　生面　　2　正面　　3　性面　　4　証面

3 入社後、1カ月間のけんしゅうを受けた。

1　研習　　2　研修　　3　験習　　4　験修

問題3　（　　）に入れるのに最もよいものを、1・2・3・4から一つ選びなさい。

文脈規定

（1点×4問＝4点）

1 あのサッカー選手は今年で（　　）してコーチになるそうだ。

1　引退　　2　早退　　3　退場　　4　退職

2 どんなときでも、母だけは私の（　　）でいてくれる。

1　仲間　　2　助手　　3　味方　　4　身内

3 車の運転中、急に子どもが道に（　　）きた。

1　飛び込んで　　2　飛び出して　　3　走り込んで　　4　走り出して

4 引き出しの中が（　　）していて、はさみが見つからない。

1　かちゃかちゃ　　2　くちゃくちゃ　　3　ごちゃごちゃ　　4　こちょこちょ

問題４　（　　）に入れるのに最もよいものを、１・２・３・４から一つ選びなさい。
語形成
（１点×３問＝３点）

1 朝ご飯を食べないのは、ダイエットには（　　　）効果だ。
1　逆　　2　半　　3　反　　4　不

2 この国際会議では、アジア社会の（　　　）問題について話し合われた。
1　広　　2　諸　　3　多　　4　複

3 すしを三人（　　　）注文した。
1　皿　　2　食　　3　前　　4　中

問題５　＿＿の言葉に意味が最も近いものを、１・２・３・４から一つ選びなさい。
言い換え類義
（１点×３問＝３点）

1 彼女はいつも動きがにぶい。
1　おそい　　2　あやしい　　3　すばやい　　4　うつくしい

2 このレポートは今日中にしあげてしまおう。
1　送って　　2　確認して　　3　印刷して　　4　終わらせて

3 彼は仕事中、しょっちゅう携帯電話を見ている。
1　たまに　　2　何度も　　3　ときどき　　4　いつまでも

問題６　次の言葉の使い方として最もよいものを、１・２・３・４から一つ選びなさい。
用法
（２点×２問＝４点）

1 いまに
1　いまにあやまりに来ても、もう遅いよ。
2　いまに、ちょうど駅に着いたところです。
3　こんな食生活を続けていたら、いまに病気になるよ。
4　明日彼女に会えるとわかっていても、いまに会いたい。

2 わざとらしい
1　あの女優は演技がわざとらしい。
2　外は朝から工事でとてもわざとらしい。
3　汚れたわざとらしい服を着た女性が歩いてきた。
4　この宝石はよく見ると、どうもわざとらしい。

第10回

目標解答時間　10分

/20

問題1　＿＿の言葉の読み方として最もよいものを、１・２・３・４から一つ選びなさい。

漢字読み

（1点×3問＝3点）

1　この携帯電話は操作しにくい。

1　そうさ　　2　そうさく　　3　しょうさ　　4　しょうさく

2　この部屋は湿気が多い。

1　しつき　　2　しっき　　3　しつけ　　4　しっけ

3　地震でビルが傾いてしまった。

1　はぶいて　　2　かたむいて　　3　きずついて　　4　ふりむいて

問題2　＿＿の言葉を漢字で書くとき、最もよいものを１・２・３・４から一つ選びなさい。

表記

（1点×3問＝3点）

1　この薬は食後すぐに飲まなければこうかがない。

1　効果　　2　効菓　　3　郊果　　4　郊菓

2　いつか自分の本をしゅっぱんしたい。

1　出板　　2　出版　　3　出阪　　4　出販

3　昨年度の調査結果がこうひょうされた。

1　公表　　2　広表　　3　公票　　4　広票

問題3　（　　）に入れるのに最もよいものを、１・２・３・４から一つ選びなさい。

文脈規定

（1点×4問＝4点）

1　あの歌手の生き方には、多くの女性が（　　　）いる。

1　憧（あこが）れて　　2　苦労して　　3　注意して　　4　批判（ひはん）して

2　その国に興味を持った（　　　）は、1本の映画を見たことだった。

1　機会　　2　初心　　3　はじめ　　4　きっかけ

3　買い物に行くなら、（　　　）牛乳を買ってきて。

1　そのうち　　2　ところで　　3　ついでに　　4　わざわざ

4　私の部屋は狭いので、ピアノを置く（　　　）はない。

1　コーナー　　2　スペース　　3　ベランダ　　4　カウンター

問題4　（　　）に入れるのに最もよいものを、1・2・3・4から一つ選びなさい。
語形成　（1点×3問＝3点）

1　彼は有名な（　　　）企業で働いている。
1　高　　2　強　　3　大　　4　良

2　私の家では新聞を2（　　　）とっています。
1　冊　　2　部　　3　本　　4　枚

3　交通事故の通報を受け、警察官が急いで現場にかけ（　　　）。
1　こんだ　　2　つけた　　3　ぬけた　　4　まわった

問題5　＿＿＿の言葉に意味が最も近いものを、1・2・3・4から一つ選びなさい。
言い換え類義　（1点×3問＝3点）

1　父は仕事で年中（ねんじゅう）家を留守にしている。
1　いつも　　2　たまに　　3　一年間　　4　半年間

2　彼は何事にも冷静に対応する。
1　冷たく　　2　丁寧（ていねい）に　　3　いじわるに　　4　落ち着いて

3　約束の時間に遅れてしまって、本当にすまないと思っています。
1　かなしい　　2　くやしい　　3　だらしない　　4　申しわけない

問題6　次の言葉の使い方として最もよいものを、1・2・3・4から一つ選びなさい。
用法　（2点×2問＝4点）

1　目指す
1　先生は山本さんの名前を呼んで、目指した。
2　チーム全員が、優勝を目指して毎日練習している。
3　お金持ちを目指していつも宝くじを買っている。
4　財布を拾ってくれた人を目指してお礼を言った。

2　せっかく
1　せっかく15分は待ちましょう。
2　せっかく作ったら、ぜひ食べてください。
3　せっかくですが、よろしくお願いします。
4　せっかくここまで来たのだから、よく見ていこう。

カタカナ語（1）

（　）の中のａとｂのうち、文に合うほうを選びましょう。

1 日本語と英語を（ a マーク b マスター ）して、3カ国語の通訳になりたい。

2 商品を1,000円以上買うと、100円分の（ a クーポン b バーゲン ）がもらえる。

3 私はどんな（ a レベル b ジャンル ）の映画でも好きです。

4 仕事が（ a トライ b ハード ）で、体を壊（こわ）してしまった。

5 どの化粧品がいいかわからなかったので、とりあえず（ a サービス b サンプル ）をもらった。

6 公民館では、毎月いろいろな（ a イベント b キャンペーン ）が行われている。

7 汚れないように、本に（ a カバー b シール ）をかけた。

8 今日のコンサートも、いよいよ（ a エンド b ラスト ）の曲になった。

9 この企業は、人気女優のCMによって（ a イメージアップ b スキルアップ ）に成功し、売り上げを伸ばした。

10 この（ a ベース b ペース ）で勉強を続ければ、日本語能力試験の合格は間違いない。

【答え】 1 b 2 a 3 b 4 b 5 b 6 a 7 a 8 b 9 a 10 b

カタカナ語（2）

（　　）の中のaとbのうち、文に合うほうを選びましょう。

1 新製品の（　a　アピール　　b　アイディア　）を、全社員から募集した。

2 このレストランでは、飲み物は（　a　アフターサービス　　b　セルフサービス　）です。

3 （　a　マスコミ　　b　メディア　）関係に就職を希望する学生は多い。

4 特急電車に乗ると、空港まで（　a　ノンストップ　　b　ステップアップ　）で行ける。

5 優秀な社員が（　a　ライブ　　b　ライバル　）会社に転職してしまった。

6 お客様の（　a　リサイクル　　b　リクエスト　）にこたえて、メニューを増やした。

7 山のきれいな空気を吸ったら、気分が（　a　フレッシュ　　b　リフレッシュ　）できた。

8 部長の言うことは、いつも（　a　ワンタッチ　　b　ワンパターン　）だ。

9 今日のパーティーの（　a　メイン　　b　ベスト　）は、バイオリンの生演奏だ。

10 この映画は、今週の人気映画（　a　リスト　　b　ランキング　）で１位の作品だ。

【答え】 1 b　2 b　3 a　4 a　5 b　6 b　7 b　8 b　9 a　10 b

第11回

目標解答時間　10分

／20

問題1　＿＿の言葉の読み方として最もよいものを、１・２・３・４から一つ選びなさい。
漢字読み
（1点×3問＝3点）

1　海外へ行って貴重な経験ができた。
1　きおも　　2　きじゅう　　3　きじょう　　4　きちょう

2　両親にできるだけ負担をかけたくない。
1　ふたん　　2　ふだん　　3　ぷだん　　4　ぶだん

3　足にけがをして、全力で戦うことができなかった。
1　さそう　　2　あらそう　　3　うたがう　　4　たたかう

問題2　＿＿の言葉を漢字で書くとき、最もよいものを１・２・３・４から一つ選びなさい。
表記
（1点×3問＝3点）

1　一人でくらしている祖母が心配です。
1　暮らして　　2　墓らして　　3　幕らして　　4　基らして

2　駅の売店でざっしを買った。
1　雑紙　　2　雑誌　　3　誰紙　　4　誰誌

3　部長のだいりで会議に出席した。
1　替理　　2　代理　　3　替利　　4　代利

問題3　（　　）に入れるのに最もよいものを、１・２・３・４から一つ選びなさい。
文脈規定
（1点×4問＝4点）

1　明日のバス旅行は、（　　）昼ご飯を持参してください。
1　各自　　2　人々　　3　おたがい　　4　みずから

2　南の国だから暑いだろうと思っていたが、行ってみたら（　　）涼しかった。
1　そっと　　2　もっと　　3　わざと　　4　わりと

3　この歌手はとても人気があるが、私の（　　）ではない。
1　思い　　2　感じ　　3　好み　　4　望み

4　開始時間が遅れるという（　　）が、試合会場に流れた。
1　データ　　2　アピール　　3　コマーシャル　　4　アナウンス

問題4　（　　）に入れるのに最もよいものを、１・２・３・４から一つ選びなさい。
語形成
（１点×３問＝３点）

1　（　　　）決勝で負けたので、３位決定戦ではがんばりたい。
1　次　　2　準　　3　前　　4　副

2　土曜日はちょっと……。日曜日だったら（　　　）都合だったのですが。
1　好　　2　最　　3　満　　4　良

3　選挙の結果、吉田氏は15万（　　　）で市長に当選した。
1　件　　2　頭　　3　分　　4　票

問題5　＿＿の言葉に意味が最も近いものを、１・２・３・４から一つ選びなさい。
言い換え類義
（１点×３問＝３点）

1　すみませんが、至急（しきゅう）、書類を送ってください。
1　急に　　2　すぐに　　3　今にも　　4　もうすぐ

2　医者の話によると、これはただの風邪ではないようだ。
1　普通の　　2　流行の　　3　治りやすい　　4　一回だけの

3　空がぱっと明るくなった。
1　急に　　2　少し　　3　だんだん　　4　ゆっくり

問題6　次の言葉の使い方として最もよいものを、１・２・３・４から一つ選びなさい。
用法
（２点×２問＝４点）

1　つきる
1　明日出す宿題がまだつきない。
2　昔の友達に会うと話がつきない。
3　今日の仕事がつきないので、まだ家に帰れない。
4　朝礼のときの校長先生の話はいつも長くて、なかなかつきない。

2　深刻
1　彼は何でも一生懸命にがんばる深刻な人だ。
2　息子は明日試験なので深刻に勉強している。
3　食料不足は現在深刻な問題になっている。
4　この棚（たな）は傷がつきやすいので、深刻に運んでください。

第12回

問題1 ＿＿の言葉の読み方として最もよいものを、1・2・3・4から一つ選びなさい。
漢字読み
（1点×3問＝3点）

1 今日は1万円以上買うと、割引になるそうだ。
1 わりびき　2 わりぴき　3 わりびいき　4 わりぴいき

2 彼の意見が正しいと判断した。
1 はたん　2 はだん　3 はんたん　4 はんだん

3 野菜はよく洗ってから、薄く切ってください。
1 あつく　2 うすく　3 ふとく　4 ほそく

問題2 ＿＿の言葉を漢字で書くとき、最もよいものを1・2・3・4から一つ選びなさい。
表記
（1点×3問＝3点）

1 道路ひょうしきは国によって違う。
1 表式　2 表識　3 標式　4 標識

2 友人のてきせつなアドバイスのおかげでうまくいった。
1 的切　2 的説　3 適切　4 適説

3 質問に対する彼女の答えはよういに想像できる。
1 容意　2 容易　3 要意　4 要易

問題3 （　）に入れるのに最もよいものを、1・2・3・4から一つ選びなさい。
文脈規定
（1点×4問＝4点）

1 今、仕事中で（　　）が離せないから、あとで電話するよ。
1 顔　2 体　3 手　4 腕

2 （　　）こんなところで、別れた恋人に会うとは思わなかった。
1 まさか　2 まさに　3 まるで　4 まもなく

3 学校を選ぶときの大切な（　　）は何ですか。
1 チェック　2 ポイント　3 レベル　4 チャンス

4 姉は（　　）、財布を持たずに買い物に行くことがよくある。
1 たのもしくて　2 ずうずうしくて
3 そそっかしくて　4 しっかりしていて

問題4　（　　）に入れるのに最もよいものを、1・2・3・4から一つ選びなさい。
語形成
（1点×3問＝3点）

1　彼女は笑顔が魅力（　　　）だ。
1　感　　2　性　　3　的　　4　風

2　7時からの映画はもう（　　　）席がなかった。
1　可　　2　活　　3　空　　4　無

3　もういいよ。言い訳は聞き（　　　）。
1　あいた　　2　あきた　　3　あきれた　　4　あふれた

問題5　＿＿の言葉に意味が最も近いものを、1・2・3・4から一つ選びなさい。
言い換え類義
（1点×3問＝3点）

1　彼女のピアノの演奏はみごとだった。
1　丁寧だった　　2　乱暴だった　　3　すばらしかった　　4　つまらなかった

2　要するに、今日は参加できないということですね。
1　つまり　　2　むしろ　　3　やはり　　4　たとえば

3　昨日から姉が何だかそわそわしている。
1　落ち着いている　　2　落ち着きがない
3　自信を持っている　　4　自信を失っている

問題6　次の言葉の使い方として最もよいものを、1・2・3・4から一つ選びなさい。
用法
（2点×2問＝4点）

1　はなはだしい
1　その子ははなはだしい笑顔で私に話しかけてきた。
2　テストの点数がとてもはなはだしくてがっかりした。
3　化粧をしてドレスを着た彼女は、はなはだしい美しさだった。
4　上司にあいさつもせずに会社を辞めるとは、失礼もはなはだしい。

2　いきなり
1　留学生活にも、いきなり慣れてきた。
2　10分ぐらい待っていれば、いきなり彼は来ますよ。
3　駅を出ると、いきなり前にタクシー乗り場があります。
4　後ろから走ってきた男に、いきなりかばんをとられた。

第13回

目標解答時間 10分

問題1 ＿＿の言葉の読み方として最もよいものを、1・2・3・4から一つ選びなさい。

漢字読み

（1点×3問＝3点）

1 日本に来て、防災意識が高まった。

1 ほうさい　2 ほうざい　3 ぼうさい　4 ぼうざい

2 小さい頃は親の言うことをよく聞く素直な子どもでした。

1 すてき　2 すなお　3 そぼく　4 そっちょく

3 答えは箇条書きで書いてください。

1 かじょがき　2 こじょがき　3 かじょうがき　4 こじょうがき

問題2 ＿＿の言葉を漢字で書くとき、最もよいものを1・2・3・4から一つ選びなさい。

表記

（1点×3問＝3点）

1 お互いの会社のりがいを考えて仕事をする。

1 利外　2 利害　3 利慨　4 利該

2 このお菓子は、冷蔵庫で冷やしてかためて食べてください。

1 因めて　2 困めて　3 固めて　4 囲めて

3 このビルはこうぞうに問題があって、地震には弱い。

1 構造　2 構象　3 講造　4 講象

問題3 （　　）に入れるのに最もよいものを、1・2・3・4から一つ選びなさい。

文脈規定

（1点×4問＝4点）

1 インフルエンザの（　　）のため、注射を打った。

1 予測　2 予備　3 予知　4 予防

2 ノートに（　　）おいたメモがなくなってしまった。

1 はいって　2 ささえて　3 はさんで　4 たくわえて

3 その店は駅前にあります。赤い看板が（　　）ですよ。

1 見出し　2 見本　3 目玉　4 目印

4 そんな（　　）質問に答えている時間はない。

1 きたない　2 くだらない　3 だらしない　4 しかたがない

問題4　（　　）に入れるのに最もよいものを、1・2・3・4から一つ選びなさい。
語形成
（1点×3問＝3点）

1　この店のケーキを（　　　）種類食べてみたい。
1　完　　2　全　　3　総　　4　満

2　この本を読んで人生（　　　）が変わった。
1　論　　2　観　　3　視　　4　見

3　彼は海外出張が多く、世界中を飛び（　　　）いる。
1　いって　　2　だして　　3　ぬけて　　4　まわって

問題5　＿＿の言葉に意味が最も近いものを、1・2・3・4から一つ選びなさい。
言い換え類義
（1点×3問＝3点）

1　彼は遅刻が多いので再三注意をしたが、まだ直らない。
1　毎日　　2　いつも　　3　何度も　　4　何度か

2　この夏の暑さは本当にたまらない。
1　とても短い　　2　とても長い　　3　いつもと違う　　4　がまんできない

3　その考えは、ちょっと虫がいいんじゃないかと思う。
1　危険な　　2　簡単な　　3　自分勝手な　　4　わかりにくい

問題6　次の言葉の使い方として最もよいものを、1・2・3・4から一つ選びなさい。
用法
（2点×2問＝4点）

1　明らか
1　東の空が、だんだん明らかになってきた。
2　その交通事故の原因は、明らかに運転手の不注意にある。
3　先生は明らかな表情で、みんなに「おはよう」と言った。
4　彼女は誰に対しても明らかに話しかけるので、みんなに好かれている。

2　すっきり
1　あの人の話は難しくて、すっきりわかりません。
2　昨日はすっきり寝たので、今朝はとても気分がいい。
3　いらないものを全部捨てたら、家の中がすっきりした。
4　久しぶりに会った友達は、すっきり変わってしまって別人のようだった。

第14回

問題1 ＿＿の言葉の読み方として最もよいものを、１・２・３・４から一つ選びなさい。
漢字読み
（1点×3問＝3点）

1 日本の漫画は海外でも販売されている。
1 はつばい　2 はんばい　3 ばいばい　4 しょうばい

2 一番上等な服を着て式に出かけた。
1 じょうと　2 じょとう　3 じょうとう　4 じょうどう

3 母は毎日の出来事を細かく日記に書いている。
1 こまかく　2 さいかく　3 ほそかく　4 みじかく

問題2 ＿＿の言葉を漢字で書くとき、最もよいものを１・２・３・４から一つ選びなさい。
表記
（1点×3問＝3点）

1 雨で運動会が1週間のびた。
1 伸びた　2 延びた　3 述びた　4 建びた

2 趣味は星のかんそくをすることです。
1 勧則　2 勧測　3 観則　4 観測

3 世界中にこの技術をふきゅうさせたい。
1 普及　2 普扱　3 音級　4 音汲

問題3 （　）に入れるのに最もよいものを、１・２・３・４から一つ選びなさい。
文脈規定
（1点×4問＝4点）

1 パーティーには、参加者がそれぞれ（　　）の料理を持って集まった。
1 自信　2 自慢　3 自立　4 自己

2 遊んでばかりいた学生の頃の話をされると耳が（　　）。
1 重い　2 痛い　3 かたい　4 きつい

3 正社員の（　　）は、収入が安定していることだ。
1 システム　2 ステップ　3 チャンス　4 メリット

4 今日は時間が（　　）あるから、ゆっくり話そう。
1 さっぱり　2 すっかり　3 たっぷり　4 とっぷり

問題4 **（　　）に入れるのに最も良いものを、1・2・3・4から一つ選びなさい。**
語形成
（1点×3問＝3点）

1 彼は（　　　）免許で車を運転して警察につかまった。
1　非　　2　不　　3　未　　4　無

2 家を売りたいが、買い（　　　）が見つからず困っている。
1　手　　2　先　　3　方　　4　人

3 この試合で私は自分の力を100％出し（　　　）。
1　きった　　2　こんだ　　3　すぎた　　4　つきた

問題5 **＿＿＿の言葉に意味が最も近いものを、1・2・3・4から一つ選びなさい。**
言い換え類義
（1点×3問＝3点）

1 夜になるとこの通りはぶっそうだ。
1　暗い　　2　危ない　　3　うるさい　　4　歩きにくい

2 最近よく奇妙（きみょう）な夢を見る。
1　こわい　　2　ふしぎな　　3　おもしろい　　4　めずらしい

3 A：これでいかがでしょうか。
B：まずまずですね。
1　とてもいい　　2　とても悪い　　3　まあまあいい　　4　あまりよくない

問題6 **次の言葉の使い方として最もよいものを、1・2・3・4から一つ選びなさい。**
用法
（2点×2問＝4点）

1 生かす
1　家の庭にりんごの木を生かしたい。
2　娘を東京で一人で生かすのは心配だ。
3　彼女は英語力を生かして、通訳の仕事をしている。
4　この図書館には駐車場がないので、いつもバスを生かしている。

2 うろうろ
1　映画の途中で眠くなって、うろうろしてしまった。
2　さっきから私の顔をうろうろ見てるけど、何かついてる？
3　初めて海外旅行に行くことになったので、うろうろしている。
4　入り口がわからずにうろうろしていたら、女性が親切に教えてくれた。

第15回

問題1 ＿＿の言葉の読み方として最もよいものを、1・2・3・4から一つ選びなさい。
漢字読み
（1点×3問＝3点）

1 写真の裏には日付と場所が書いてあった。
1　うら　2　おく　3　うしろ　4　おもて

2 この小説には主要な人物が5人いる。
1　しゅよ　2　しゅうよ　3　しゅよう　4　しゅうよう

3 彼はこの仕事の経験も長く、非常に頼もしい。
1　たなもしい　2　たのもしい　3　たよもしい　4　たゆもしい

問題2 ＿＿の言葉を漢字で書くとき、最もよいものを1・2・3・4から一つ選びなさい。
表記
（1点×3問＝3点）

1 安全のために入り口にぼうはんカメラをつけた。
1　防反　2　防半　3　防判　4　防犯

2 この映画は18歳みまんの人は見ることができない。
1　未万　2　末万　3　未満　4　末満

3 遠くのほうで誰かがさけぶ声が聞こえた。
1　叱ぶ　2　叫ぶ　3　吸ぶ　4　呼ぶ

問題3 （　）に入れるのに最もよいものを、1・2・3・4から一つ選びなさい。
文脈規定
（1点×4問＝4点）

1 （　　）家はその映画をつまらないと言っていたが、私はおもしろいと思った。
1　判断　2　非難　3　批判　4　評論

2 きちんと（　　）を立ててから実行しようと思う。
1　プラン　2　レベル　3　ファイル　4　フォルダ

3 このビルは、地震が起きても倒れない（　　）とした造りだ。
1　うっかり　2　しっかり　3　すっきり　4　はっきり

4 買いすぎた食べ物を捨ててしまった。（　　）ことをした。
1　そそっかしい　2　みっともない　3　ばかばかしい　4　もったいない

問題4　（　　）に入れるのに最もよいものを、１・２・３・４から一つ選びなさい。
語形成
（1点×3問＝3点）

1 今日一日に降った雨は、先月の（　　　）雨量を越えるほどだった。
1　大　　2　合　　3　計　　4　総

2 消費者は輸入品でなく国（　　　）の肉を好むようだ。
1　産　　2　生　　3　製　　4　品

3 その子は私の顔を見ると、急に泣き（　　　）。
1　かけた　　2　こんだ　　3　だした　　4　よった

問題5　＿＿＿の言葉に意味が最も近いものを、１・２・３・４から一つ選びなさい。
言い換え類義
（1点×3問＝3点）

1 この薬は、<u>あらゆる</u>病気に効くと言われている。
1　重い　　2　新しい　　3　難しい　　4　すべての

2 <u>ふと</u>外を見たら雪が降っていた。
1　さっき　　2　急いで　　3　なんとなく　　4　気になって

3 病気でもないのに欠席が多い彼に、先生方は<u>手を焼いている</u>。
1　心配している　　2　困っている　　3　無視している　　4　注意をしている

問題6　次の言葉の使い方として最もよいものを、１・２・３・４から一つ選びなさい。
用法
（2点×2問＝4点）

1 快適
1　彼女の性格はとても<u>快適</u>だから、何でも話せる。
2　祖母の家はとても<u>快適</u>なので、何時間でもいたくなる。
3　この塾は一人ひとりの生徒に<u>快適</u>な先生を選んで教える。
4　最初に話したとき、<u>快適</u>だったので、彼女と友達になりました。

2 突き当たり
1　狭い部屋の<u>突き当たり</u>にベッドを置いた。
2　兄弟で意見の<u>突き当たり</u>が起きて、けんかになった。
3　高速道路でトラックの<u>突き当たり</u>事故があった。
4　この道をまっすぐ行くと、<u>突き当たり</u>が鈴木さんの家です。

接続語（1）

（　　）の中のaとbのうち、文に合うほうを選びましょう。

1 突然、大きな音がした。（　a　すると　　b　ところが　）、激しい雨が降りだした。

2 A社の今年の自動車の売れ行きは不調だ。（　a　一方　　b　さらに　）、B社は好調な売れ行きを見せている。

3 申込書はペンで書くこと。（　a　なお　　b　たとえば　）、インクの色は黒か青に限る。

4 社長は会社を日本一の食品メーカーにする夢を持っていたが、（　a　結局　　b　つまり　）、その夢が実現することはなかった。

5 新幹線の事故で到着が3時間も遅れた。（　a　そこで　　b　それで　）、彼は会議に出られなかった。

6 テストが終わったら家に帰ってもいいです。（　a　たった　　b　ただし　）、昨日休んだ学生は、教室に残ってください。

7 台風が近づいているそうだ。（　a　やはり　　b　むしろ　）出かけるのはやめておこう。

8 新婚旅行はヨーロッパに行く？（　a　および　　b　それとも　）、アメリカにする？

9 試験の答案用紙は、えんぴつ（　a　および　　b　あるいは　）シャープペンシルで記入してください。

10 父が急病で倒れた。（　a　そこで　　b　それに　）、私が大学をやめて、父の会社を継（つ）ぐことにした。

【答え】 1 a　2 a　3 a　4 a　5 b　6 b　7 a　8 b　9 b　10 a

接続語（2）

（　）の中のaとbのうち、文に合うほうを選びましょう。

1 国内の主なニュースは以上です。（ a それでは b したがって ）、次はスポーツニュースです。

2 走る前には消化のよい食べ物、（ a いわば b たとえば ）バナナなどがよいそうです。

3 A：どうして食べないの？
B：（ a だって b なぜなら ）、これ、嫌いなんだもん。

4 彼はすでに続けて３曲も歌った。（ a それに b それなのに ）、もう１曲歌うつもりでいる。

5 すぐ戻ります。（ a それで b ですから ）ちょっと待っていてください。

6 遅れたのでタクシーに乗ったら、（ a かえって b ところが ）時間がかかってしまった。

7 賛成が多数です。（ a よって b あるいは ）、この法案は可決されました。

8 FAX、（ a また b または ）Eメールでお申し込みください。

9 電気自動車は静かで、（ a しかし b しかも ）スピードも結構出るらしい。

10 もう10年も住んでいるので、この国は（ a いわば b ならば ）第二の故郷のようなものだ。

【答え】1 a 2 b 3 a 4 b 5 b 6 a 7 a 8 b 9 b 10 a

第16回

目標解答時間　10分

問題1　＿＿の言葉の読み方として最もよいものを、1・2・3・4から一つ選びなさい。
漢字読み
（1点×3問＝3点）

1 私の誤解が原因でけんかになってしまった。
1　こがい　　2　ごかい　　3　こうがい　　4　ごうかい

2 この価格には消費税が含まれています。
1　かこまれて　　2　たのまれて　　3　つつまれて　　4　ふくまれて

3 あの日のことは忘れ難い思い出だ。
1　わすれかたい　　2　わすれがたい　　3　わすれつらい　　4　わすれづらい

問題2　＿＿の言葉を漢字で書くとき、最もよいものを1・2・3・4から一つ選びなさい。
表記
（1点×3問＝3点）

1 世界からえいきゅうに戦争がなくなることを願っている。
1　永久　　2　永求　　3　栄久　　4　栄求

2 彼はついに自分が犯人であることをみとめた。
1　訪めた　　2　論めた　　3　認めた　　4　調めた

3 母は手先がきようで、何でも自分で作る。
1　器容　　2　器用　　3　記容　　4　記用

問題3　（　　）に入れるのに最もよいものを、1・2・3・4から一つ選びなさい。
文脈規定
（1点×4問＝4点）

1 この書類は（　　　）コピーしてください。
1　両立　　2　両手　　3　両面　　4　両用

2 太陽が（　　　）、目が開けられない。
1　にぶくて　　2　まぶしくて　　3　はげしくて　　4　なつかしくて

3 警察は（　　　）犯人を追いかけたが、逃げられてしまった。
1　急速に　　2　絶対に　　3　必死に　　4　深刻に

4 （　　　）によって、パソコンの中の情報が全部消されてしまった。
1　アレルギー　　2　ウイルス　　3　エネルギー　　4　ストレス

問題４　（　　）に入れるのに最も良いものを、１・２・３・４から一つ選びなさい。
語形成　（１点×３問＝３点）

1　（　　　）出場で、優勝できるなんて夢のようだ。
1　一　　2　始　　3　初　　4　発

2　円高で利益が上がって、社長は（　　　）機嫌だ。
1　高　　2　好　　3　上　　4　良

3　遅れてしまったので、急いでみんなを追い（　　　）。
1　かけた　　2　こした　　3　ついた　　4　ぬいた

問題５　＿＿の言葉に意味が最も近いものを、１・２・３・４から一つ選びなさい。
言い換え類義　（１点×３問＝３点）

1　この学校には、バイクで通学してはいけないというきまりがある。
1　法則　　2　法律　　3　規則　　4　形式

2　あの時、先生が学生たちを注意したのはもっともだと思った。
1　意外だ　　2　当然だ　　3　不思議だ　　4　間違っている

3　花瓶の花がしぼんでしまった。
1　われて　　2　ふくらんで　　3　なくなって　　4　小さくなって

問題６　次の言葉の使い方として最もよいものを、１・２・３・４から一つ選びなさい。
用法　（２点×２問＝４点）

1　提供
1　ペンを忘れたので、友達から提供してもらった。
2　社長は今年一番成績のよかった社員に賞金を提供した。
3　Ａ社は会員限定でさまざまなサービスを提供している。
4　娘は毎年クリスマスプレゼントが提供されるのを楽しみにしている。

2　ぶかぶか
1　兄の靴は私にはぶかぶかだ。
2　青い空に白い雲がぶかぶか浮かんでいる。
3　のどが渇（かわ）いていたので、水をぶかぶか飲んだ。
4　ぶかぶかの布団（ふとん）で気持ちよく眠ることができた。

第17回

問題1 ＿＿の言葉の読み方として最もよいものを、１・２・３・４から一つ選びなさい。
漢字読み
（１点×３問＝３点）

1 検査の結果、心臓に異常が見つかった。
1 いしょ　2 いじょ　3 いしょう　4 いじょう

2 今後のご活躍をお祈りします。
1 かつやく　2 かつよう　3 がつやく　4 がつよう

3 私を正社員として雇ってくれるところがあれば、どこでも働きたい。
1 かえって　2 ひろって　3 やとって　4 やしなって

問題2 ＿＿の言葉を漢字で書くとき、最もよいものを１・２・３・４から一つ選びなさい。
表記
（１点×３問＝３点）

1 夜寝ているときに、突然むねが痛くなった。
1 腹　2 腰　3 胸　4 腕

2 夏祭りなど、この町のでんとうの行事を守りたい。
1 仏統　2 仏総　3 伝統　4 伝総

3 寒かったのでエアコンの温度をちょうせつした。
1 調整　2 調節　3 調接　4 調折

問題3 （　）に入れるのに最もよいものを、１・２・３・４から一つ選びなさい。
文脈規定
（１点×４問＝４点）

1 暖かくなって、桜の（　　）がふくらんできた。
1 くき　2 みき　3 つぼみ　4 はなびら

2 短時間で上達するには、練習方法に（　　）が必要だ。
1 工夫　2 意欲　3 経験　4 作業

3 こんなにたくさんある中から使える物を探すのは（　　）だ。
1 せっかく　2 もっとも　3 やっかい　4 めんどうくさい

4 長く座っていたので、足が（　　）。
1 こわれた　2 しびれた　3 ちぢんだ　4 とまった

問題4　（　　）に入れるのに最もよいものを、１・２・３・４から一つ選びなさい。
語形成
（１点×３問＝３点）

1　A国では、ここ数年（　　　）景気が続いている。
　1　高　　2　好　　3　良　　4　優

2　あまり期待していなかったが、新製品は予想（　　　）によく売れた。
　1　前　　2　上　　3　外　　4　中

3　友人から結婚式の招待（　　　）が届いた。
　1　紙　　2　状　　3　書　　4　証

問題5　＿＿＿の言葉に意味が最も近いものを、１・２・３・４から一つ選びなさい。
言い換え類義
（１点×３問＝３点）

1　彼の返事はいつもあいまいだ。
　1　反対だ　　2　賛成だ　　3　はっきりしない　　4　はっきりしている

2　コンサートが始まる時間になり、続々と人が集まってきた。
　1　がんがん　　2　ぐんぐん　　3　ずんずん　　4　どんどん

3　昨日のことはもういいですから、気にしないでください。
　1　怒らないで　　2　心配しないで　　3　何もしないで　　4　何も言わないで

問題6　次の言葉の使い方として最もよいものを、１・２・３・４から一つ選びなさい。
用法
（２点×２問＝４点）

1　案外
　1　弟が医者になるとは案外だった。
　2　案外なことに、優勝候補の選手が負けてしまった。
　3　午後の会議には全員出席すること。案外は認めません。
　4　ここは古くて小さい店ですが、案外おいしいんですよ。

2　すらすら
　1　高熱が出て、頭がすらすらする。
　2　疲れてすらすらです。早く休みたい。
　3　何度も練習したら、すらすら泳げるようになった。
　4　日本語の勉強を始めて２年経ち、今では新聞もすらすら読める。

第18回

問題1 ＿＿の言葉の読み方として最もよいものを、1・2・3・4から一つ選びなさい。
漢字読み
（1点×3問＝3点）

1 先生が教室に入ってきた瞬間、生徒たちは静かになった。
1 すんま　2 しゅんま　3 すんかん　4 しゅんかん

2 ものすごい勢いで火が燃えている。
1 いきおい　2 いきよい　3 いぎおい　4 いぎよい

3 嫌がる子どもを強引に病院へ連れて行った。
1 がんいん　2 ごういん　3 きょういん　4 ぎょういん

問題2 ＿＿の言葉を漢字で書くとき、最もよいものを1・2・3・4から一つ選びなさい。
表記
（1点×3問＝3点）

1 最近目が悪くなってきたので、めがねを買った。
1 目銀　2 目鏡　3 眼銀　4 眼鏡

2 あの二人はふうふです。
1 夫毒　2 夫妻　3 夫婦　4 夫娘

3 あんいな考えで行動するのはよくない。
1 安意　2 安易　3 案意　4 案易

問題3 （　　）に入れるのに最もよいものを、1・2・3・4から一つ選びなさい。
文脈規定
（1点×4問＝4点）

1 スポーツ選手は、背が高いほうが（　　）ことが多い。
1 有効な　2 有利な　3 貴重な　4 重要な

2 この会社では、社長の命令に（　　）ことは許されない。
1 かかわる　2 さからう　3 したがう　4 たたかう

3 彼は会社を辞めると言っているが、みんなで（　　）つもりだ。
1 引きあげる　2 引きいれる　3 引きつける　4 引きとめる

4 駅前を（　　）歩いていたら、昔の友達に声をかけられた。
1 ぐらぐら　2 ごろごろ　3 どきどき　4 ぶらぶら

問題4　（　　）に入れるのに最も良いものを、1・2・3・4から一つ選びなさい。

語形成

（1点×3問＝3点）

1 留学したことで、（　　　）文化に興味を持つようになった。

1　異　　2　違　　3　外　　4　別

2 輸入食品の安全（　　　）について調べている。

1　観　　2　状　　3　性　　4　点

3 問題用紙と答案を持って、試験（　　　）が入ってきた。

1　場　　2　官　　3　者　　4　人

問題5　＿＿＿の言葉に意味が最も近いものを、1・2・3・4から一つ選びなさい。

言い換え類義

（1点×3問＝3点）

1 約束は守るよう、<u>つねに</u>子どもに言い聞かせている。

1　強く　　2　いつも　　3　何度も　　4　非常に

2 財布の中のお金は<u>わずかだ</u>。

1　全然ない　　2　余裕（よゆう）がある　　3　少ししかない　　4　まだ残っている

3 一人でこの仕事をするのは<u>気が進まない</u>。

1　心配だ　　2　気分が悪い　　3　やりたくない　　4　なっとくできない

問題6　次の言葉の使い方として最もよいものを、1・2・3・4から一つ選びなさい。

用法

（2点×2問＝4点）

1 方針

1　この計画はよい<u>方針</u>に進んでいる。
2　新しい首相が、政策の基本的な<u>方針</u>を示した。
3　弟は高校卒業後の<u>方針</u>について悩んでいる。
4　父に「<u>方針</u>を持って勉強しろ」と言われた。

2 バランス

1　みんなで<u>バランス</u>に合わせて楽しく踊った。
2　食堂の料理は栄養の<u>バランス</u>が考えられている。
3　言葉の細かい<u>バランス</u>まで正確に翻訳するのは難しい。
4　この会社では、<u>バランス</u>の社員が新入社員の指導をしている。

第19回

目標解答時間　10分

問題1　＿＿の言葉の読み方として最もよいものを、1・2・3・4から一つ選びなさい。
漢字読み
（1点×3問＝3点）

1 船が海の底に沈んでしまった。
1　うち　　2　おく　　3　すみ　　4　そこ

2 お湯が沸いたら、お茶をいれましょう。
1　さいたら　　2　たいたら　　3　まいたら　　4　わいたら

3 その女性はショックのあまり、一晩で白髪になってしまったという。
1　しらが　　2　しろが　　3　しらがみ　　4　しろがみ

問題2　＿＿の言葉を漢字で書くとき、最もよいものを1・2・3・4から一つ選びなさい。
表記
（1点×3問＝3点）

1 長さ80センチ、はば30センチくらいの棚（たな）がほしい。
1　張　　2　帳　　3　副　　4　幅

2 ここに来ると、おさない時のことを思い出す。
1　幻い　　2　幼い　　3　功い　　4　巧い

3 姉はいつもはでな服を着ている。
1　派手　　2　派出　　3　脈手　　4　脈出

問題3　（　　）に入れるのに最もよいものを、1・2・3・4から一つ選びなさい。
文脈規定
（1点×4問＝4点）

1 みなさん歌ってください。次は誰の（　　）ですか。
1　回　　2　番　　3　方　　4　段

2 （　　）は親切そうだが、心の中はわからない。
1　見本　　2　中身　　3　見かけ　　4　身のまわり

3 事故で新幹線が動かなかったので、切符代を（　　）もらった。
1　取り入れて　　2　取り消して　　3　払い込んで　　4　払い戻して

4 思い切って25年（　　）で家を建てた。
1　ターン　　2　ローン　　3　サラリー　　4　ボーナス

問題4　（　　）に入れるのに最もよいものを、1・2・3・4から一つ選びなさい。
語形成
（1点×3問＝3点）

1 不在の部長に代わって、（　　　）部長が会議に出席した。
1　次　　2　準　　3　助　　4　副

2 この大学は自宅で勉強ができる通信（　　　）の学校だ。
1　形　　2　制　　3　法　　4　用

3 静かな住宅（　　　）に、救急車のサイレンが鳴り響いた。
1　町　　2　街　　3　道　　4　通

問題5　＿＿の言葉に意味が最も近いものを、1・2・3・4から一つ選びなさい。
言い換え類義
（1点×3問＝3点）

1 教室の中が急にさわがしくなった。
1　暗く　　2　明るく　　3　静かに　　4　うるさく

2 新しい家に住んで1カ月だが、まだこれといった問題はない。
1　特に　　2　まったく　　3　少ししか　　4　予想どおり

3 祖父の人生はとても平凡なものだった。
1　幸せな　　2　普通の　　3　めずらしい　　4　かわいそうな

問題6　次の言葉の使い方として最もよいものを、1・2・3・4から一つ選びなさい。
用法
（2点×2問＝4点）

1 余計
1　貯金が少ないから、旅行をする余計はありません。
2　私は大丈夫ですから、余計な心配はしないでください。
3　後で食べるから、晩ご飯の余計があったらとっておいて。
4　アイスクリームを5個も食べるなんて、余計好きなんですね。

2 若々しい
1　コンサート会場には若々しい高校生が大勢集まっている。
2　あの子どもは若々しくてかわいい。
3　山田さんのお母さんは、いつ見ても若々しい。
4　若々しい時から英語を勉強しておけばよかった。

第20回

問題1 ＿＿の言葉の読み方として最もよいものを、1・2・3・4から一つ選びなさい。
漢字読み
（1点×3問＝3点）

1 会議は予定時間を大幅に過ぎて終了した。
1 おおはば　2 おおふく　3 だいはば　4 だいふく

2 日本の夏は湿度が高くて蒸し暑い。
1 おんど　2 しつど　3 しんど　4 しゃくど

3 まだ時間があるからといって油断してはいけない。
1 ゆだん　2 よだん　3 ゆうだん　4 ようだん

問題2 ＿＿の言葉を漢字で書くとき、最もよいものを1・2・3・4から一つ選びなさい。
表記
（1点×3問＝3点）

1 私にはまだめいかくな目標がない。
1 名覚　2 名確　3 明覚　4 明確

2 景気が少しずつかいふくに向かっている。
1 回復　2 回複　3 改復　4 改複

3 ここのところふあんていな天気が続いている。
1 不安定　2 不安低　3 不安停　4 不安体

問題3 （　）に入れるのに最もよいものを、1・2・3・4から一つ選びなさい。
文脈規定
（1点×4問＝4点）

1 A：どなたですか。
B：隣に引っ越してきた（　　）ですが……。
1 人　2 者　3 方　4 主

2 （　　）希望の大学に合格することができた。
1 うれしく　2 かしこく　3 ひとしく　4 めでたく

3 私は言いたいことを全部言わないと気が（　　）性格だ。
1 きえない　2 すまない　3 おわらない　4 なくならない

4 彼は私の手を（　　）握り、「ありがとう」と言った。
1 ぐんと　2 ざっと　3 ぱっと　4 ぎゅっと

問題4　（　　）に入れるのに最も良いものを、1・2・3・4から一つ選びなさい。

語形成　（1点×3問＝3点）

1　この薬は（　　　）期間服用すると体によくない。

1　延　　2　大　　3　多　　4　長

2　この会社では外国人の技術（　　　）も大勢働いている。

1　手　　2　家　　3　者　　4　人

3　友達と喫茶店で3時間も話し（　　　）しまった。

1　いって　　2　こんで　　3　あがって　　4　のぼって

問題5　＿＿の言葉に意味が最も近いものを、1・2・3・4から一つ選びなさい。

言い換え類義　（1点×3問＝3点）

1　私は10年前、今とは違ってとてもまずしかった。

1　お金があった　　2　お金がなかった　　3　成績がよかった　　4　成績が悪かった

2　隣の部屋がそうぞうしい。何かあったのだろうか。

1　くさい　　2　うるさい　　3　きたない　　4　楽しそうだ

3　6時までに商品をオーダーしてください。

1　変えて　　2　捨てて　　3　説明して　　4　注文して

問題6　次の言葉の使い方として最もよいものを、1・2・3・4から一つ選びなさい。

用法　（2点×2問＝4点）

1　対立

1　私は渡辺さんの考えには対立します。
2　戦争に対立する人たちがデモ行進を行った。
3　二つのグループの意見が対立し、なかなか結論が出ない。
4　いくら親に対立されても、私は自分の好きなことをやりたい。

2　こっそり

1　誰にも言わず、こっそり出かけた。
2　祖母は足が悪いので、とてもこっそり歩く。
3　彼の部屋は物が少なくてこっそりしている。
4　子どもはこっそり寝ていて、起こそうとしても全然起きない。

副詞

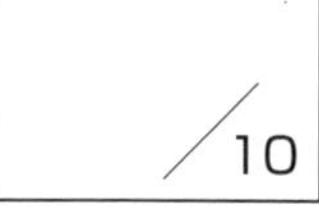

（　）の中のａとｂのうち、文に合うほうを選びましょう。

1 明日は健康診断があるので、（ a せめて　b なるべく ）休まないようにしてください。

2 （ a せっかく　b たびたび ）日本に来たのだから、日本人の友達をたくさん作りたい。

3 申しわけありません。（ a あいにく　b ようやく ）明日のチケットは売り切れてしまいました。

4 この辺は（ a たえず　b しだいに ）人が集まり、にぎわっている。

5 今月もらったアルバイト代は（ a たいてい　b ほとんど ）使ってしまった。

6 10年間に及ぶ研究の結果、（ a まさに　b ついに ）新技術の開発に成功した。

7 もう帰りたかったが、今日中にレポートを提出するように言われ、（ a しぶしぶ　b どうしても ）レポートを書き始めた。

8 4月になり、公園の桜の花が（ a いっこうに　b いっせいに ）咲き始めた。

9 普段は（ a めったに　b しょっちゅう ）学校を休まない中川さんが、今日はめずらしく休んだ。

10 のどが痛くて熱もある。（ a どうやら　b どうにか ）風邪をひいたようだ。

【答え】 **1** b **2** a **3** a **4** a **5** b **6** b **7** a **8** b **9** a **10** a

慣用句（1）

（　）の中のaとbのうち、文に合うほうを選びましょう。

1 彼にひどいことを言われて（ a 頭にきた b 頭が下がった ）。

2 この問題は、もっと（ a 頭に入れて b 頭を使って ）考えないと。

3 彼には秘密(ひみつ)を話さないほうがいい。（ a 口が軽い b 口がうまい ）からすぐにしゃべってしまうよ。

4 あの人は（ a 口が悪い b 口が重い ）から、話していて嫌な気分になる。

5 彼からのメールが届くのを（ a 首を長くして b 首をひねって ）待っている。

6 いま忙しくて（ a 手が届かない b 手が離せない ）から、しばらく待っていてください。

7 駅で、困っている障害者の方に（ a 手を貸した b 手を出した ）。

8 このダイヤモンドの指輪は、高すぎて（ a 手が出ない b 手につかない ）。

9 息子が司法試験に合格し、親である私も（ a 目が高い b 鼻が高い ）。

10 父は、（ a 開いた口がふさがらない b 目の中に入れても痛くない ）ほど、孫をかわいがっている。

【答え】1a 2b 3a 4a 5a 6b 7a 8a 9b 10b

第21回

問題1 ＿＿の言葉の読み方として最もよいものを、1・2・3・4から一つ選びなさい。
漢字読み
（1点×3問＝3点）

1 この飛行機は、大阪経由北京(ペキン)行きです。
1　けいゆ　　2　きょうゆ　　3　けいゆう　　4　きょうゆう

2 留学生同士で、それぞれの国の言葉を教え合っている。
1　とうし　　2　とうじ　　3　どうし　　4　どうじ

3 その選手は、激しい口調で審判に抗議した。
1　くちょう　　2　こちょう　　3　くちちょう　　4　こうちょう

問題2 ＿＿の言葉を漢字で書くとき、最もよいものを1・2・3・4から一つ選びなさい。
表記
（1点×3問＝3点）

1 別々のふくろに入れてください。
1　装　　2　袋　　3　製　　4　裹

2 飛行機で荷物をゆそうする。
1　運送　　2　愉送　　3　輸送　　4　輪送

3 りけいのほうが就職に有利だと聞いた。
1　理系　　2　理係　　3　野系　　4　野係

問題3 （　　）に入れるのに最もよいものを、1・2・3・4から一つ選びなさい。
文脈規定
（1点×4問＝4点）

1 今日は（　　）のついた靴をはいていこう。
1　いと　　2　なわ　　3　ひも　　4　ぬの

2 ベランダに洗濯物がたくさん（　　）ある。
1　さして　　2　しいて　　3　はって　　4　ほして

3 いつまでもそんな（　　）テレビばかり見ていないで、早く寝なさい。
1　ばかばかしい　　2　はなはだしい　　3　はなばなしい　　4　わかわかしい

4 親と子の間に、考え方の（　　）があるのは当然だ。
1　キャップ　　2　ギャップ　　3　ステージ　　4　ステップ

問題4　（　　）に入れるのに最もよいものを、1・2・3・4から一つ選びなさい。

語形成　（1点×3問＝3点）

1 この地域には（　　　）国籍の人が住んでいる。

1　大　　2　多　　3　超　　4　複

2 伊藤さんは日本（　　　）の古い車に乗っていた。

1　式　　2　性　　3　製　　4　造

3 もうすぐ夏休みが終わるのに、まだ宿題に取り（　　　）いない。

1　けして　　2　だして　　3　かかって　　4　はじめて

問題5　＿＿＿の言葉に意味が最も近いものを、1・2・3・4から一つ選びなさい。

言い換え類義　（1点×3問＝3点）

1 レポートに必要な本を図書館で検索した。

1　読んだ　　2　借りた　　3　探した　　4　見つけた

2 彼はコンピューターの知識がとぼしい。

1　必要だ　　2　増えた　　3　少しある　　4　ほとんどない

3 この実験では多くの薬物を用いる。

1　買う　　2　試す　　3　使う　　4　取る

問題6　次の言葉の使い方として最もよいものを、1・2・3・4から一つ選びなさい。

用法　（2点×2問＝4点）

1 使い道

1　この学校の卒業生の使い道はさまざまだ。
2　初めての給料の使い道はまだ決めていない。
3　いくら説明書を読んでも、この電話の使い道がわからない。
4　駅から会場までの使い道は、バスとタクシーがあります。

2 はらはら

1　午後、雨がはらはら降ったが、すぐに晴れた。
2　窓を開けたら、風で書類がはらはらになってしまった。
3　昼ご飯を食べていないので、おなかがはらはらだ。
4　この映画は危険な場面が多く、見ていてはらはらした。

第22回

問題1 ＿＿＿の言葉の読み方として最もよいものを、1・2・3・4から一つ選びなさい。

漢字読み

（1点×3問＝3点）

1 それでは、また改めて伺います。

1 あきらめて　2 あらためて　3 うけとめて　4 たしかめて

2 人間の寿命はどんどん長くなっている。

1 じゅめい　2 じゅうめい　3 じゅみょう　4 じゅうみょう

3 薬の副作用で眠くなってきた。

1 ふさよう　2 ふくさよう　3 ふさくよう　4 ふくさくよう

問題2 ＿＿＿の言葉を漢字で書くとき、最もよいものを1・2・3・4から一つ選びなさい。

表記

（1点×3問＝3点）

1 グループごとに、わになって座ってください。

1 倫　2 輪　3 輸　4 愉

2 休みの日にクラスのなかまと遊びに出かけた。

1 中問　2 中間　3 仲問　4 仲間

3 この書類は字が小さいので、かくだいコピーしてください。

1 広大　2 拡大　3 各大　4 格大

問題3 （　　）に入れるのに最もよいものを、1・2・3・4から一つ選びなさい。

文脈規定

（1点×4問＝4点）

1 両親はいつも私の考えを（　　）してくれる。

1 調和　2 尊重　3 対応　4 調節

2 この活動を（　　）いるのは多くのボランティアだ。

1 くわえて　2 ささえて　3 たもって　4 つかえて

3 名前を呼んでも気づかなかったので、彼の服を（　　）。

1 引きとった　2 引っこんだ　3 引っかけた　4 引っぱった

4 学校が終わったら、（　　）しないでまっすぐ帰ってきなさい。

1 帰り道　2 通り道　3 寄り道　4 曲がり道

問題4　（　　）に入れるのに最も良いものを、1・2・3・4から一つ選びなさい。
語形成
（1点×3問＝3点）

1　（　　　）性能で軽いカメラがほしい。
　1　高　　2　最　　3　上　　4　優

2　20（　　　）の男性100名にアンケート調査を行った。
　1　台　　2　代　　3　第　　4　帯

3　彼女は好奇（　　　）が強く、何にでも興味を持つ。
　1　感　　2　観　　3　心　　4　性

問題5　＿＿の言葉に意味が最も近いものを、1・2・3・4から一つ選びなさい。
言い換え類義
（1点×3問＝3点）

1　その時、たまたま彼の隣に座っていたのが私でした。
　1　偶然（ぐうぜん）　　2　当然　　3　つねに　　4　たまに

2　今、若い女性の間で温泉旅行がブームだそうだ。
　1　必要だ　　2　一般的だ　　3　流行している　　4　習慣化している

3　彼女は私の近くに来て、「静かにしてください」とささやいた。
　1　怒って言った　　2　はっきりと言った
　3　悲しそうに言った　　4　小さな声で言った

問題6　次の言葉の使い方として最もよいものを、1・2・3・4から一つ選びなさい。
用法
（2点×2問＝4点）

1　ほぼ
　1　私の息子はほぼ3歳になります。
　2　私と弟は似ているが、私のほうがほぼ背が高い。
　3　この夏は、エアコンが去年のほぼ2倍売れているらしい。
　4　あとほぼ少し塩を入れると、もっとおいしくなりますよ。

2　根に持つ
　1　選手たちは勝利を根に持って練習に励（はげ）んだ。
　2　基本的な知識を根に持っていれば、この問題も解けるはずです。
　3　彼は田中さんにカメラを壊されたことを、ずっと根に持っている。
　4　子どもの頃に行ったその場所のことは、今でもよく根に持っています。

第23回

目標解答時間　10分

/20

問題１　＿＿の言葉の読み方として最もよいものを、１・２・３・４から一つ選びなさい。
漢字読み
（1点×3問＝3点）

1 余った布で子どものために人形を作った。
1　きじ　2　ぬの　3　めん　4　わた

2 まだ洗濯物が湿っている。
1　くもって　2　しぼって　3　しめって　4　たまって

3 教育を受けられない子どもたちのために寄付をした。
1　きふ　2　きぶ　3　ぎふ　4　ぎぶ

問題２　＿＿の言葉を漢字で書くとき、最もよいものを１・２・３・４から一つ選びなさい。
表記
（1点×3問＝3点）

1 少しでもぎもんに思ったことは、すぐに調べる。
1　疑門　2　疑問　3　議門　4　議問

2 今度の休みに、京都にいっぱく二日で行くつもりだ。
1　一伯　2　一拍　3　一泊　4　一柏

3 じゅんびができたら、声をかけてください。
1　順備　2　順催　3　準備　4　準催

問題３　（　　）に入れるのに最もよいものを、１・２・３・４から一つ選びなさい。
文脈規定
（1点×4問＝4点）

1 この花は育てるのに（　　）がかからない。
1　手品　2　手間　3　手段　4　手数

2 この計画については、社員の中でも意見が二つに（　　）いる。
1　切れて　2　離れて　3　破れて　4　分かれて

3 やせて、ズボンが（　　）なった。
1　あさく　2　せまく　3　つらく　4　ゆるく

4 先生が大きい声で注意したので、うるさかった教室が急に（　　）した。
1　じっと　2　しんと　3　ほっと　4　ちゃんと

問題4　（　　）に入れるのに最もよいものを、１・２・３・４から一つ選びなさい。
語形成
（１点×３問＝３点）

1 パトカーは犯人の車を（　　　）速力で追った。
1　高　　2　全　　3　大　　4　真

2 先に出発した友達の車にやっと追い（　　　）。
1　こした　　2　だした　　3　ついた　　4　つめた

3 このグラフは、年齢（　　　）の人口の変化を表している。
1　各　　2　型　　3　分　　4　別

問題5　＿＿の言葉に意味が最も近いものを、１・２・３・４から一つ選びなさい。
言い換え類義
（１点×３問＝３点）

1 私は旅行が趣味で、海外にもたびたび出かけています。
1　たまに　　2　何度も　　3　最近　　4　近いうちに

2 年上の人はうやまうべきだ。
1　感動する　　2　尊敬する　　3　保護する　　4　世話をする

3 両親の家をリフォームすることにした。
1　作り直す　　2　取り壊す　　3　買いかえる　　4　取りかえる

問題6　次の言葉の使い方として最もよいものを、１・２・３・４から一つ選びなさい。
用法
（２点×２問＝４点）

1 いずれ
1　いずれまた会えたらいいですね。
2　彼が来たら、いずれ出発しましょう。
3　娘と息子はいずれ外国で暮らしている。
4　噂（うわさ）をしていたら、いずれその人が部屋に入ってきた。

2 出世（しゅっせ）
1　人気女優が重い病気にかかり、出世した。
2　彼は同じ年に入社した人の中で一番出世した。
3　好きな作家の新しい本がやっと出世されて嬉しい。
4　去年出世したこの歌手は、若い人の間でとても人気がある。

第24回

問題1 ＿＿の言葉の読み方として最もよいものを、１・２・３・４から一つ選びなさい。
漢字読み
（1点×3問＝3点）

1 彼は本気で宇宙旅行に行くつもりらしい。
1 ほんき　2 ほんけ　3 もとき　4 もとけ

2 救急病院で治療を受けた。
1 じびょう　2 じりょう　3 ちびょう　4 ちりょう

3 妹はいつも地味な服を着ている。
1 じみ　2 ちみ　3 じあじ　4 ちあじ

問題2 ＿＿の言葉を漢字で書くとき、最もよいものを１・２・３・４から一つ選びなさい。
表記
（1点×3問＝3点）

1 保健室で傷のてあてをしてもらった。
1 手合て　2 手当て　3 手直て　4 手治て

2 ホテルにとうちゃくしたら電話してください。
1 到着　2 到達　3 倒着　4 倒達

3 れんじつの雨で、山が崩（くず）れた。
1 棟日　2 連日　3 運日　4 練日

問題3 （　）に入れるのに最もよいものを、１・２・３・４から一つ選びなさい。
文脈規定
（1点×4問＝4点）

1 会員から集めたお金は（　　）に使うべきだ。
1 有効　2 有能　3 有利　4 有力

2 新聞の（　　）を読めば、今話題になっていることがだいたいわかる。
1 見合い　2 見送り　3 見掛け　4 見出し

3 彼の助言が私の不安な気持ちを（　　）。
1 打ち消した　2 つき返した　3 取り消した　4 引き返した

4 授業中、友達がおもしろいことを言ったので、必死に笑いを（　　）。
1 おさめた　2 こらえた　3 しまった　4 もどした

問題4　（　　）に入れるのに最も適切なものを、1・2・3・4から一つ選びなさい。
語形成
（1点×3問＝3点）

1　氏名の50音（　　　）に、一列に並んでください。
1　順　　2　線　　3　番　　4　別

2　10年前に比べると、携帯電話もずいぶん小型（　　　）された。
1　化　　2　形　　3　方　　4　製

3　この果物は、全体が赤くなったら食べ（　　　）です。
1　位　　2　頃　　3　際　　4　中

問題5　＿＿の言葉に意味が最も近いものを、1・2・3・4から一つ選びなさい。
言い換え類義
（1点×3問＝3点）

1　外の様子を見ると、どうも風がおさまったようだ。
1　吹いた　　2　やんだ　　3　出てきた　　4　強くなった

2　過去のことをいつまでもくよくよするな。
1　悩む　　2　悲しむ　　3　自慢する　　4　懐かしがる

3　この店も、今月はついに黒字になりそうだ。
1　損をしそうだ　　2　利益が出そうだ　　3　借金をしそうだ　　4　売り切れそうだ

問題6　次の言葉の使い方として最もよいものを、1・2・3・4から一つ選びなさい。
用法
（2点×2問＝4点）

1　しつこい
1　失敗しても、しつこく努力を続けた。
2　彼は何度断っても、しつこく食事に誘ってくる。
3　今度時間があるときに、しつこく話しましょう。
4　お忙しい中、しつこく説明してくださって、ありがとうございました。

2　センス
1　彼女は服のセンスがいい。
2　友達のセンスで先生と話をする学生が多くなった。
3　お金のセンスがなく、いつもアルバイト代をすぐに使ってしまう。
4　犬は鼻のセンスがあるから、においで遠くのものを探すことができる。

第25回

問題1 ＿＿の言葉の読み方として最もよいものを、1・2・3・4から一つ選びなさい。
漢字読み
（1点×3問＝3点）

1 この試験は70点が合格の目安だ。
1　めあん　　2　めやす　　3　もくあん　　4　もくやす

2 この地域は山が多いので電波が届きません。
1　でんは　　2　でんば　　3　でんぱ　　4　でんなみ

3 その政治家の家は、厳重に警備されている。
1　がんじょう　　2　がんちょう　　3　げんじゅう　　4　げんちょう

問題2 ＿＿の言葉を漢字で書くとき、最もよいものを1・2・3・4から一つ選びなさい。
表記
（1点×3問＝3点）

1 予定がへんこうになったという連絡があった。
1　変吏　　2　変更　　3　変使　　4　変便

2 私たちの会社は、どんないらいでもお受けします。
1　衣来　　2　衣頼　　3　依来　　4　依頼

3 この学校は、勉強するのにとてもよいかんきょうにあると思う。
1　還境　　2　還鏡　　3　環境　　4　環鏡

問題3 （　　）に入れるのに最もよいものを、1・2・3・4から一つ選びなさい。
文脈規定
（1点×4問＝4点）

1 携帯電話をどこでなくしたのか、まったく（　　）がない。
1　心がけ　　2　心あたり　　3　心くばり　　4　心のこり

2 娘は歌の才能に（　　）いる。
1　込んで　　2　優（すぐ）れて　　3　つまって　　4　恵まれて

3 パソコンを処分する前に、データをすべて（　　）してください。
1　消費　　2　消去　　3　掃除　　4　清掃

4 毎日仕事と家事で忙しく、息を（　　）暇もない。
1　すう　　2　だす　　3　つく　　4　はく

問題４　（　　）に入れるのに最もよいものを、１・２・３・４から一つ選びなさい。
語形成　　　　（１点×３問＝３点）

1　（　　　）新しいシャツを着て、面接に出かけた。
　1　生　　2　正　　3　本　　4　真

2　10年前の殺人事件が今も（　　　）解決のままだ。
　1　非　　2　不　　3　未　　4　無

3　当店は最高（　　　）の品物を揃(そろ)えております。
　1　級　　2　状　　3　性　　4　的

問題５　＿＿の言葉に意味が最も近いものを、１・２・３・４から一つ選びなさい。
言い換え類義　　　　（１点×３問＝３点）

1　実力がぐんぐんついてきた。
　1　少しずつ　　2　しっかりと　　3　とても速く　　4　時間をかけて

2　彼は自分の仕事をこなして、１時間前に会社を出た。
　1　終わらせて　　2　途中でやめて　　3　持って帰って　　4　他の人に渡して

3　インターネットで調べたデータをプリントアウトしてください。
　1　印刷　　2　複写　　3　提出　　4　保存

問題６　次の言葉の使い方として最もよいものを、１・２・３・４から一つ選びなさい。
用法　　　　（２点×２問＝４点）

1　縮(ちぢ)む
　1　この国の労働人口は少しずつ縮んでいる。
　2　最近のパソコンは以前と比べてずいぶん縮んだ。
　3　セーターを洗濯機で洗ったら、縮んでしまった。
　4　仕事の時間が縮んで、早く家に帰れるようになった。

2　くれぐれも
　1　くれぐれも両親に連絡をしています。
　2　くれぐれも皆さんのことを忘れません。
　3　くれぐれもお体にはお気をつけください。
　4　くれぐれもかならず遅れないで来てください。

慣用句（2）

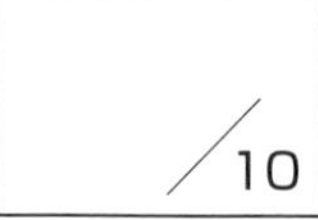

（　）の中のａとｂのうち、文に合うほうを選びましょう。

1 一人で資料を50人分コピーするのは、（ a 腕が鳴る b 骨が折れる ）作業だ。

2 ドラマを見ているうちに、自然に日本語が（ a 身についた b 目についた ）。

3 祖母は最近ずいぶん（ a 耳が遠くなった b 耳にしなくなった ）ようだ。

4 もうその話を知っているなんて、さすが本田さんは、（ a 耳が早い b 耳が痛い ）。

5 試験官は、受験者がカンニングをしないように、いつも（ a 目を光らせて b 目を疑って ）いる。

6 人気歌手が離婚したという噂（うわさ）を（ a 目にして b 耳にして ）驚（おどろ）いた。

7 資料の整理、書類の作成、来客の応対など、今日は（ a 目が回る b 目をつぶる ）ほど忙しい。

8 次の授業までに、この本にざっと（ a 目を引いて b 目を通して ）おいてください。

9 宝くじに当たったことを知って、（ a 口を出した b 目を丸くした ）。

10 岡崎さんは（ a 顔が広い b 足が早い ）ので、どこに行っても知り合いがいる。

【答え】1 b 2 a 3 a 4 a 5 a 6 b 7 a 8 b 9 b 10 a

慣用句（3）

（　）の中のaとbのうち、文に合うほうを選びましょう。

1 A：夏休みの旅行、どこに行こうか。
B：ええっ。まだ1月なのに、（　a　気が早い　　b　気が短い　）なあ。

2 テレビ、消してくれる？　（　a　気が散って　　b　気が多くて　）勉強できないから。

3 ちょっと注意されたくらいでそんなに（　a　気を落とさない　　b　気を回さない　）で、元気を出して！

4 A：今日、カラオケに行かない？
B：カラオケ？　あんまり（　a　気がない　　b　気が進まない　）なあ。

5 不満があったが、言いたいことを全部言ったら（　a　気が引けた　b　気が済（す）んだ　）。

6 嫌なことがあった時は、体を動かしたほうが（　a　気が抜ける　　b　気がまぎれる　）。

7 A：明日、行けるかどうかわからないよ。忙しいし。
B：無理しなくていいから、（　a　気がついたら　　b　気が向いたら　）来て。

8 日本は1,000兆円以上の財政赤字があると聞いて、（　a　気が遠く　　b　気が長く　）なった。

9 先生はいつも私のことを（　a　気にかけて　　b　気に入って　）、何かとアドバイスしてくれる。

10 A：先輩、水、どうぞ。
B：ちょうどのどが渇（かわ）いていたんだよ。（　a　気がきく　　b　気が立つ　）ね。

【答え】 1 a　2 a　3 a　4 b　5 b　6 b　7 b　8 a　9 a　10 a

第26回

問題1 ＿＿の言葉の読み方として最もよいものを、1・2・3・4から一つ選びなさい。
漢字読み
（1点×3問＝3点）

1 社長は私を信用して仕事を<u>任せて</u>くれた。
1 うたせて　2 まかせて　3 もたせて　4 やらせて

2 去年から行われていた工事が、昨日ですべて<u>完了</u>した。
1 かんりゅう　2 かんりょう　3 がんりゅう　4 がんりょう

3 大人に向かってあんなことを言うなんて、まったく<u>生意気</u>な子どもだ。
1 せいいき　2 せいいぎ　3 なまいき　4 なまいぎ

問題2 ＿＿の言葉を漢字で書くとき、最もよいものを1・2・3・4から一つ選びなさい。
表記
（1点×3問＝3点）

1 <u>つうじょう</u>よりも安い値段で買うことができた。
1 通上　2 通状　3 通常　4 通情

2 秋になると、米の<u>しゅうかく</u>が始まる。
1 集獲　2 集穫　3 収獲　4 収穫

3 授業中はもっと<u>しせい</u>よく座ってください。
1 姿努　2 姿勢　3 資努　4 資勢

問題3 （　）に入れるのに最もよいものを、1・2・3・4から一つ選びなさい。
文脈規定
（1点×4問＝4点）

1 聞きたくない話だったので、耳を手で（　　）。
1 おした　2 さわった　3 たたいた　4 ふさいだ

2 首脳会談のために、日程の（　　）を行っている。
1 達成　2 調印　3 調整　4 調達

3 よく行く近所のレストランが（　　）されてきれいになった。
1 オープン　2 フレッシュ　3 リハーサル　4 リニューアル

4 彼女が何を考えているのか、（　　）わからない。
1 あっさり　2 さっぱり　3 すっかり　4 すっきり

問題4　（　　）に入れるのに最も よいものを、１・２・３・４から一つ選びなさい。
語形成
（1点×3問＝3点）

1 疲れたので（　　　）休みしましょう。
1　こ　　2　いち　　3　はん　　4　ひと

2 この書類のコピーを30（　　　）とってください。
1　回　　2　台　　3　部　　4　本

3 突然、新しいアイディアを思い（　　　）。
1　きった　　2　こんだ　　3　しった　　4　ついた

問題5　＿＿の言葉に意味が最も近いものを、１・２・３・４から一つ選びなさい。
言い換え類義
（1点×3問＝3点）

1 先輩に「仕事がのろい」と叱(しか)られた。
1　遅い　　2　丁寧(ていねい)でない　　3　間違いが多い　　4　やる気がない

2 この辺りはひっそりしている。
1　きたない　　2　きれいだ　　3　しずかだ　　4　にぎやかだ

3 かなり時間がかかるので、覚悟(かくご)しておいてください。
1　記録して　　2　起きていて　　3　心の準備をして　　4　時間をはかって

問題6　次の言葉の使い方として最もよいものを、１・２・３・４から一つ選びなさい。
用法
（2点×2問＝4点）

1 大(たい)した
1　あの大した木の下で少し休みましょう。
2　いくらあったら大した家が建てられるのだろう。
3　ノーベル賞がもらえるような大した研究がしたい。
4　大したものじゃありませんが、どうぞ召し上がってください。

2 ごまかす
1　答えたくなかったので、笑ってごまかした。
2　簡単な問題を3問もごまかしてしまった。
3　泥棒は女の人のバッグから財布をごまかした。
4　燃えるゴミと燃えないゴミの日をごまかしてしまって怒られた。

第27回

問題1 ＿＿の言葉の読み方として最もよいものを、1・2・3・4から一つ選びなさい。
漢字読み
（1点×3問＝3点）

1 庭の隅に母の好きな花を植えた。
1 おく　2 かど　3 すみ　4 はし

2 賛成は全体の7割を占めている。
1 うめて　2 しめて　3 つめて　4 とめて

3 誰もいないはずの二階で物音がした。
1 ぶつおと　2 ぶつおん　3 ものおと　4 もつおん

問題2 ＿＿の言葉を漢字で書くとき、最もよいものを1・2・3・4から一つ選びなさい。
表記
（1点×3問＝3点）

1 すぐに仕事が見つかったのはこううんだった。
1 行運　2 高運　3 好運　4 幸運

2 私は身長も体重もひょうじゅんです。
1 平準　2 評準　3 票準　4 標準

3 誰もその作家のほんみょうを知らない。
1 本名　2 本命　3 本明　4 本姓

問題3 （　）に入れるのに最もよいものを、1・2・3・4から一つ選びなさい。
文脈規定
（1点×4問＝4点）

1 さっきまで（　　）動いていたパソコンが、急に動かなくなった。
1 正式に　2 正常に　3 正確に　4 正直に

2 一生懸命説明しても、（　　）私の話なんて誰も聞いてくれない。
1 どうか　2 どうせ　3 どうも　4 どんなに

3 ホテルの予約を（　　）。
1 取り上げた　2 取りかえた　3 取り消した　4 取り出した

4 父は（　　）ひとりごとを言いながら、新聞を読んでいる。
1 ふつふつ　2 ぶつぶつ　3 ぽつぽつ　4 ぼつぼつ

問題4　（　　）に入れるのに最もよいものを、１・２・３・４から一つ選びなさい。
語形成
（1点×3問＝3点）

1 レポートの内容がよくない場合は、（　　　）提出しなければならない。
1　後　　2　再　　3　次　　4　追

2 これは私の個人（　　　）な考えです。
1　感　　2　性　　3　的　　4　流

3 ピアノを習ったことはないが、自己（　　　）でひいている。
1　形　　2　調　　3　法　　4　流

問題5　＿＿の言葉に意味が最も近いものを、１・２・３・４から一つ選びなさい。
言い換え類義
（1点×3問＝3点）

1 これは素人（しろうと）の意見だからあまり役に立たないだろう。
1　興味がない人　　2　知識がない人
3　やる気がない人　　4　何も持っていない人

2 この子はとてもかしこいから、将来が楽しみだ。
1　かわいい　　2　頭がいい　　3　おとなしい　　4　性格がいい

3 まず基本をよく練習してから、次のステップに進みましょう。
1　階段　　2　手段　　3　段階　　4　段落

問題6　次の言葉の使い方として最もよいものを、１・２・３・４から一つ選びなさい。
用法
（2点×2問＝4点）

1 にごる
1　寒い日は部屋の窓ガラスがにごる。
2　大雨が降ったので川の水がにごっている。
3　その話を聞いたとたん、彼の顔がにごった。
4　さっきまで晴れていたのに、急に空がにごってきた。

2 続出
1　台風により、けが人が続出した。
2　このマンガの第２巻と第３巻は、来月続出されるそうだ。
3　この高校は、10年間ずっと決勝戦に続出している。
4　このアルバイトは、土日もかならず続出しなければならない。

第28回

問題１ ＿＿の言葉の読み方として最もよいものを、１・２・３・４から一つ選びなさい。

漢字読み

（1点×3問＝3点）

1 彼女は紫色の服がよく似合う。
1 ちゃいろ　2 こんいろ　3 みどりいろ　4 むらさきいろ

2 この土地は作物を育てるのには向かない。
1 さくぶつ　2 さくもつ　3 つくぶつ　4 つくもつ

3 この仕事の担当者は誰ですか。
1 たんとうしゃ　2 たんとうじゃ　3 たんどうしゃ　4 たんどうじゃ

問題２ ＿＿の言葉を漢字で書くとき、最もよいものを１・２・３・４から一つ選びなさい。

表記

（1点×3問＝3点）

1 この本は何回も読んだので、あんきしている。
1 暗記　2 暗紀　3 案記　4 案紀

2 玄関はかいほう禁止です。必ず閉めてください。
1 開方　2 開法　3 開放　4 開封

3 実験に成功するかくりつはとても低い。
1 格卒　2 格率　3 確卒　4 確率

問題３ （　　）に入れるのに最もよいものを、１・２・３・４から一つ選びなさい。

文脈規定

（1点×4問＝4点）

1 この作家は亡くなってから高く（　　）されるようになった。
1 好評　2 評価　3 評判　4 評論

2 話が（　　）しまいましたね。元に戻しましょう。
1 ゆれて　2 まねて　3 にげて　4 それて

3 娘の突然の結婚は、私にとって（　　）ことだった。
1 思いがけない　2 思い出せない　3 思いつかない　4 思いやらない

4 彼は手紙を読み終えたとたん、それを（　　）と破って捨てた。
1 ばりばり　2 びりびり　3 むかむか　4 ごちゃごちゃ

問題4　（　　）に入れるのに最も良いものを、１・２・３・４から一つ選びなさい。
語形成
（１点×３問＝３点）

1 政治に（　　　）関心な人が増えているようだ。
1　否　　2　非　　3　不　　4　無

2 次の旅行では、ホテルではなく和（　　　）の旅館に泊まりたい。
1　形　　2　風　　3　様　　4　流

3 私と前田さんは、出身（　　　）が同じだ。
1　所　　2　場　　3　地　　4　土

問題5　＿＿の言葉に意味が最も近いものを、１・２・３・４から一つ選びなさい。
言い換え類義
（１点×３問＝３点）

1 この会社では、先端技術を使った研究が進められている。
1　進んだ　　2　尖（とが）った　　3　特別な　　4　有名な

2 家族旅行にまでついてくるなんて、ずうずうしい人ですね。
1　意欲がある　　2　親しみやすい　　3　することがない　　4　迷惑を考えない

3 パーティーのためにたくさんごちそうをこしらえた。
1　作った　　2　並べた　　3　準備した　　4　注文した

問題6　次の言葉の使い方として最もよいものを、１・２・３・４から一つ選びなさい。
用法
（２点×２問＝４点）

1 口実（こうじつ）
1　遅れた口実を説明してください。
2　口実もなく叱（しか）られて、気分が悪い。
3　息子は勉強を口実にして、家の手伝いをまったくしない。
4　彼は英語が話せるという口実で、いつも通訳を頼まれる。

2 カバーする
1　私の失敗を先輩がカバーしてくれた。
2　あと１万円カバーすれば、もっといい品物が買える。
3　お金が足りなかったので、兄にカバーしてもらった。
4　もう少しカバーして詳しく説明していただけませんか。

第29回

問題1　＿＿＿の言葉の読み方として最もよいものを、１・２・３・４から一つ選びなさい。
漢字読み
（1点×3問＝3点）

1　このクラスはみんな熱心で、活気がある。
1　かつき　　2　かっき　　3　かつぎ　　4　かっぎ

2　では、私が合図をしたら、歌い始めてください。
1　あいず　　2　あいと　　3　ごうず　　4　ごうと

3　相手チームのほうが人数が多いのは不公平だ。
1　ふこへい　　2　ふこひょう　　3　ふこうへい　　4　ふこうひょう

問題2　＿＿＿の言葉を漢字で書くとき、最もよいものを１・２・３・４から一つ選びなさい。
表記
（1点×3問＝3点）

1　大企業の社長がはさんしたそうだ。
1　破産　　2　破算　　3　被産　　4　被算

2　その活動はとてもいぎのあることだと思います。
1　委義　　2　委議　　3　意義　　4　意議

3　警察は隣の家の男があやしいと考えた。
1　疑しい　　2　怪しい　　3　危しい　　4　変しい

問題3　（　　）に入れるのに最もよいものを、１・２・３・４から一つ選びなさい。
文脈規定
（1点×4問＝4点）

1　彼が犯人だなんて（　　）。絶対に違いますよ。
1　しかたがない　　2　そうでもない　　3　とんでもない　　4　なんでもない

2　受験のために寝る時間を（　　）勉強した。
1　削って　　2　引いて　　3　破って　　4　割って

3　もし（　　）なければ、約束の時間を変更していただきたいんですが……。
1　さしこみ　　2　さしあたり　　3　さしつかえ　　4　さしもどし

4　入社したばかりのときは、何をしたらいいかわからなくて（　　）していた。
1　こそこそ　　2　だらだら　　3　てきぱき　　4　まごまご

問題4（　　）に入れるのに最もよいものを、1・2・3・4から一つ選びなさい。
語形成
（1点×3問＝3点）

1 この食品は健康への（　　　）影響が心配されている。
1　悪　　2　暗　　3　嫌　　4　反

2 そこは豆腐料理の（　　　）店として、古くから知られている。
1　名　　2　正　　3　貴　　4　真

3 10時15分（　　　）の電車に乗るつもりだ。
1　行　　2　方　　3　出　　4　発

問題5 ＿＿の言葉に意味が最も近いものを、1・2・3・4から一つ選びなさい。
言い換え類義
（1点×3問＝3点）

1 時代とともに社会の<u>システム</u>が複雑になってきた。
1　仕上げ　　2　仕組み　　3　組み立て　　4　積み立て

2 急用で行けなくなったので、友人に<u>ことづけ</u>を頼んだ。
1　告白　　2　申請　　3　通話　　4　伝言

3 今日は<u>ゆかいな</u>一日だった。
1　楽しい　　2　疲れる　　3　にぎやかな　　4　のんびりした

問題6 次の言葉の使い方として最もよいものを、1・2・3・4から一つ選びなさい。
用法
（2点×2問＝4点）

1 たまる
1　雨が続いて、洗濯物が<u>たまって</u>いる。
2　人々の宇宙への関心が<u>たまって</u>いる。
3　大雪で家の前に雪が高く<u>たまって</u>いる。
4　会場にはすでに多くのファンが<u>たまって</u>いる。

2 抑制（よくせい）
1　この道路は、車の通行が警察によって<u>抑制</u>されている。
2　紙が風で飛ばないように、この石で<u>抑制</u>してください。
3　年齢が<u>抑制</u>されていたので、子どもは参加できなかった。
4　討論の際は、感情を<u>抑制</u>して論理的に話すべきだ。

第30回

目標解答時間　10分

/20

問題1　＿＿の言葉の読み方として最もよいものを、１・２・３・４から一つ選びなさい。

漢字読み

（1点×3問＝3点）

1　見上げると、夜空には無数の星があった。

1　むかず　　2　むすう　　3　ぶかず　　4　ぶすう

2　この動物は鋭い爪（つめ）を持っているので、気をつけてください。

1　くどい　　2　ずるい　　3　あやうい　　4　するどい

3　ゴミはきちんと分別して捨てましょう。

1　ふべつ　　2　ぶべつ　　3　ふんべつ　　4　ぶんべつ

問題2　＿＿の言葉を漢字で書くとき、最もよいものを１・２・３・４から一つ選びなさい。

表記

（1点×3問＝3点）

1　このお酒はかおりが強い。

1　香り　　2　臭り　　3　匂り　　4　芳り

2　余った材料は、れいとうしておいてください。

1　冷凍　　2　冷棟　　3　冷蔵　　4　冷臓

3　毎週かならず、このしゅうかんしを買っています。

1　週刊紙　　2　週刊誌　　3　週間紙　　4　週間誌

問題3　（　　）に入れるのに最もよいものを、１・２・３・４から一つ選びなさい。

文脈規定

（1点×4問＝4点）

1　靴のひもが（　　）しまった。

1　はがれて　　2　はずれて　　3　ほどけて　　4　みだれて

2　このスーパーは24時間（　　）です。

1　開店　　2　営業　　3　経営　　4　業務

3　（　　）は怖そうだが、話してみると優しい人だった。

1　外見　　2　見本　　3　本物　　4　人物

4　彼女はどんな相手に対しても、反対意見を（　　）と言う。

1　すたすた　　2　すぱすぱ　　3　ずばずば　　4　ずんずん

問題4　（　　）に入れるのに最もよいものを、1・2・3・4から一つ選びなさい。
語形成
（1点×3問＝3点）

1 そんな（　　　）科学的な説明では納得できない。
1　非　　2　不　　3　無　　4　否

2 ここに書いてある値段は税（　　　）ですか。
1　入り　　2　収め　　3　込み　　4　含み

3 田中さんとは2年前に旅行（　　　）で知り合った。
1　先　　2　点　　3　止　　4　着

問題5　＿＿の言葉に意味が最も近いものを、1・2・3・4から一つ選びなさい。
言い換え類義
（1点×3問＝3点）

1 母は<u>しきりに</u>「寒い」と言っていた。
1　つらそうに　　2　何度も　　3　こっそり　　4　ときどき

2 ずっと外にいたので手足が<u>こごえて</u>しまった。
1　荒れて　　2　ぬれて　　3　冷えて　　4　汚れて

3 人が通るので、そこを<u>どいて</u>くれませんか。
1　開けて　　2　動いて　　3　片付けて　　4　しまって

問題6　次の言葉の使い方として最もよいものを、1・2・3・4から一つ選びなさい。
用法
（2点×2問＝4点）

1 見当（けんとう）
1　彼が断った理由が何なのか、<u>見当</u>がわからない。
2　犯人がどこにいるのか、まったく<u>見当</u>がつかない。
3　あの人が何を考えているのか、私には<u>見当</u>がない。
4　今後の日本経済がどうなるか、<u>見当</u>が立てられない。

2 いびき
1　昼食の後は眠くて、つい<u>いびき</u>がでてしまう。
2　目が乾いたときは何回か<u>いびき</u>をするといい。
3　「昨日大きな声で<u>いびき</u>を言っていたよ」と母に言われた。
4　隣の人の<u>いびき</u>がうるさくて、ゆっくり休むことができなかった。

監修者

松浦 真理子 （まつうら まりこ）
鈴木 健司 （すずき けんじ）

問題執筆者（50音順）

岩崎 孝枝 （いわさき たかえ）
小浦方 理恵 （こうらかた りえ）
小林 薫子 （こばやし かおるこ）
土田 千緒実 （つちだ ちおみ）
松浦 真理子 （まつうら まりこ）

日本語能力試験対策
日本語パワードリル［N2 文字・語彙］

2010年10月31日　初版第1刷発行
2023年 9月 5日　　第16刷発行

編者	株式会社アスク編集部
監修	松浦真理子　鈴木健司
本文デザイン・DTP	株式会社明昌堂
装丁	笹尾ちひろ
発行	株式会社アスク 〒162-8558　東京都新宿区下宮比町2-6　　電話：03-3267-6864
発行人	天谷修身
印刷・製本	株式会社広済堂ネクスト

ISBN978-4-87217-768-8

アンケートにご協力ください
PC https://www.ask-books.com/support/